传记丛书
世界名人

# 契诃夫

上

张秀章⊙编著

北方妇女儿童出版社

**图书在版编目(CIP)数据**

契诃夫／张秀章编著. —长春：北方妇女儿童出版社，2010.5
(2016.1 重印)

(世界名人传记丛书)

ISBN 978 - 7 - 5385 - 4645 - 3

Ⅰ. ①契… Ⅱ. ①张… Ⅲ. ①契诃夫，A. P.（1860～1904）–传记–青少年读物 Ⅳ. ①K835.125.6 –49

中国版本图书馆 CIP 数据核字(2010)第 072185 号

**世界名人传记丛书**

## 契诃夫

总 策 划：李文学　刘　刚

编　　著：张秀章

责任编辑：李少伟

插　　图：刘凤山

出版发行：北方妇女儿童出版社

　　　　　（长春市人民大街 4646 号　电话:0431 - 85640624）

印　　刷：北京一鑫印务有限责任公司

开　　本：650×950 毫米　16 开

印　　张：14

字　　数：121 千字

版　　次：2010 年 5 月第 1 版

印　　次：2016 年 1 月第 3 次印刷

书　　号：ISBN 978 - 7 - 5385 - 4645 - 3

定　　价：59.60 元（上、下册）

# 前言

　　《世界名人传记丛书》精选出来的世界名人完全是基于客观公正的立场，兼容古今中外，从教育、文学、科学、政治及艺术等方面选出最具影响力的著名人物。我们在向少年读者介绍世界上这些著名人物时，把他们面临危机的镇静，驾驭机遇的精明，面对挑战的勇气，别出心裁的创新，以及他们的志向、智慧、风格、气质、情感，还有他们的手段、计谋，以及人生的成功和败笔，一并绘声绘色地勾画出来。让少年读者跟随他们的脚步，去认识一个多维的世界，去体验一个充满艰辛、危机和血泪，同时又充满生机、创造和欢乐的真实人生。

　　为了顾及少年读者阅读的兴趣和习惯，这些传记都避免正面冗长的说教性叙述，而多从日常生活中富于启发性的小故事来传达名人所以成功的道理，尤其是着重于他们年少时代的生活特征，以期诱发少年读者们的共鸣。尽管是传记作品，我们也力求写得有故事性、趣味性。以人物的历史轨迹为骨架，以生动的故事为血肉，勾勒出名人们精彩的人生画卷；多用有表现力的口语、短句，不写套话、空话，力戒成人化，这是我们在风格和手法上的追求。

书中随处出现的精美生动的插图，乃是以图辅文，借以达到图文并茂的目的。每一个名人传记的文后，都附有简单的年谱，让少年读者能够从中再度温习名人的重要事迹。

希望我们的少男少女在课外阅读这些趣味性浓厚而立意严肃的世界名人传记时，能够于不知不觉之中领悟到做人处世的人生真谛。

2010 年 8 月

# 序言

　　1904 年的一天，莫斯科艺术剧院上演了一出十分成功的戏。演出结束后，观众无比激动，要求和这个戏的作者见面。全体演员聚集在台前，观众们也都站立起来。不一会儿，受到热烈欢迎的剧作家在舞台上出现了。他高高的个子，瘦瘦的身材，头发乱蓬蓬的，留着一团灰白的胡须，戴着副夹鼻眼镜，腰微微弯曲。舞台上耀眼的灯光，照出他面容上的疲倦与憔悴。一望便知，这个人已是重病在身了。

　　他，就是俄国现实主义的代表作家之一，短篇小说巨匠与杰出的戏剧家——契诃夫。

　　那个受到好评的戏，就是他写的最后一个剧本《樱桃园》。

　　他在 24 年的创作生涯里，给俄国和世界人民贡献了八百多篇短篇、中篇小说和多部戏剧。列夫·托尔斯泰对他非常赏识，认为他与法国"短篇小说之王"莫泊桑有很多相似之处，但契诃夫的才能比莫泊桑更精深。

契诃夫一生的遭遇很不幸：童年时代，家庭生活很穷苦，饱尝了生活的艰辛，他说："我的童年没有童年"；到了中年，他又患了当时的不治之症肺结核；他一生处于黑暗的社会环境里。但他不屈服，他以顽强的毅力和乐观精神，由一个弱者变成强者。

契诃夫不仅在文学创作上堪称非凡的天才，在个人品格和道德上也是出类拔萃的。高尔基称他"是一个非常好的人"。

契诃夫的一生是短暂的，结核杆菌在他年仅44岁的时候就夺走了他的宝贵生命，但他的优秀品质和辉煌成就却永驻人间。

契诃夫的作品受到世界各国人民的热烈欢迎。他的作品在中国早就很有影响。巴金说："中国的读者热爱契诃夫，因为他们曾经感觉到契诃夫的作品好像就是为他们写的，而且描写他们中间发生的事情。"

编者 识

# 目录

SHIJIEMINGRENZHUANJICONGSHU

契诃夫

# 一 童年的苦与乐

从小就得站柜台，学会应付顾客和
耍买卖上的小骗术，还得无休止地在教
堂唱诗、做祷告……

# 小铺——学校——小铺

在俄罗斯南方的一个滨海小城塔干罗格，有一条平静、长满青草的街，叫做修道院街。在夹道的两排房子里，可以看见一所小小的两层楼房，门口挂着牌子："移民住宅——巴·叶·契诃夫"。巴维尔·叶戈洛维奇是安东·契诃夫的父亲。在那所房子的四堵墙壁里面，安东·契诃夫度过了他的童年。

契诃夫这家人是纯农民的血统。他的祖父是一个农奴。祖父靠着辛勤的劳动好歹积蓄了 3500 个卢布，他用这笔钱给他全家八口人赎得了自由。全家从佛索涅日省迁到南方。祖父在离塔干罗格不远的地方由普拉托夫伯爵雇去做他的田庄总管。

契诃夫的父亲在塔干罗格城里做伙计。他也凭着他父亲那样的毅力把一个个小钱积蓄起来，总算凑够了一笔钱，在修道院街开了一家小杂货铺。同时娶了本城一个布商的女儿欧仁妮·莫洛索娃（婚后改名为叶甫盖尼亚·雅科甫列芙娜）为妻，1860 年 1 月 17 日安托沙（契诃夫的爱称）诞生了。除了他以外，还有四个儿子，亚历山大、尼古拉、伊万、米舍尔和一个女儿玛丽雅。

这所小房子里的生活按照旧日的、严格的、传统的格式进行着。

父亲巴维尔·叶戈洛维奇经营的这个出售茶叶、砂糖、肥皂、香肠等小商品并兼营服饰用品的小杂货铺，活计很多，可他舍不得花钱雇学徒或店员，铺子里所有的活儿全都交给自己的几个孩子干。

父亲是个专横暴虐的人，他对孩子实行的是"棍棒纪律"；给孩子们定的时间表，是"小铺——学校——小铺"，孩子们一点儿自己的时间也没有。

小安托沙六七岁就开始站柜台、应酬顾客、收款、打算盘……

"快起床，快起床！"每天清晨5点钟，安托沙和大哥亚历山大、二哥尼古拉便被喊起来。"开门营业啦，快起来！"

安托沙揉着惺忪的眼睛，偎在被窝里，忽然被一张大手揪着耳朵，随即身上挨了两棍子。"我让你懒，我让你懒！"

小安托沙实在太困了。每天从早一直要连续干到深夜11点钟，累得他直咳嗽，总犯困。他想：什么时候能睡上一大整天该多好哇！

可这只能是梦想，永远办不到啊。

从一起床，便开始马不停蹄地干开了。

父亲是个"总监工"。一会儿支使："老三，帮你大哥算账去！"

一会儿又喊："安托沙，快去卸货！"

后来上学了，可在上学前照例要忙小杂货铺的事儿；放学回来放下书包接着还是站柜台、应酬顾客、收款、打算盘……

要是学校放假，那就得连轴转，整天耗在铺子里，没时间学习，只好马马虎虎地复习功课。

严寒的冬日，父亲又舍不得多烧炭火，铺子里冰冷冰冷的，冻得小安托沙手脚发麻，他总觉得自己像一个囚徒在监狱里一样，苦闷地煎熬着，没有丝毫的童年乐趣。

在父亲的苛刻要求下，安托沙默默地忍受着。

繁重的劳动，苦役般的生活，累得安托沙常咳嗽，直犯困。（后来，契诃夫以这种切身体验创作了短篇小说《困》）。

活儿干得稍微出点毛病，父亲便大打出手，别说是对安托沙了，就连已近成年的大哥、二哥也不例外。

对于契诃夫家族来说，十分凶狠的毒打已是家常便饭、司空见惯的事了。

安托沙一直记恨在心。

有一次，安托沙和一位要好的同学唠嗑，他向好友提出的第一个问题就是："你在家里时常挨揍吗？"

对方很爽快地回答:"从不。"

小安托沙听了,感到非常惊讶。

安托沙的第一个学校是城郊的一所教会学校,在学校里他跟小工匠、水手、工人的子女厮混。教师是希腊人,是一个没什么学识、粗暴的人,常打学生。

"真倒楣,"安托沙气愤地抱怨,"在家看小铺挨父亲揍,到校念书挨老师打,一点儿乐趣也没有!"

"我没有童年。"安托沙不止一次地对他的朋友说。

脱离教会学校以后,安托沙马上就被送到一个语法学校去了,他在学业上的进步并不怎么大,发展得慢。

他是一个迟钝、笨拙、大头的男孩,同学给他起外号叫做"炮弹"和"牛头"。

他老是躲着同学,没有交到什么知心朋友。不过尽管这样,"牛头"却为他的同学所喜爱,也许是由于他那老是懒洋洋的好脾气,由于他脸上的雀斑,由于他的笑容吧。

不管怎么说,还是在学校好过些,可一回家,就像掉到冰窟窿里一样,心全凉了,没完没了地干活、挨打、挨骂。

除了小杂货铺漫长而又繁重的劳动外,父亲还强迫孩子们连续不断地练歌,去唱诗班排练,数也数不清的教堂祈祷和家庭祈祷。

屈辱的体罚、沉重的劳动和本来就睡眠不足，这回还要练宗教歌曲。可怜的安托沙非常受罪，他还是一个刚刚长大的孩子，胸部还不发达，耳音很差，嗓子也弱，在练唱时流了不少眼泪。这些在父亲强逼下一直延迟到深夜的练习，又夺去了他童年许多甜蜜的睡眠。

"天哪，我什么时候能睡个好觉呢?"有时夜深人静时，安托沙面对苍天祈祷着。

这还不算完，父亲又独出心裁地要求每一个孩子学会一套手艺。

"老三，你学做一名裁缝好了!"父亲命令道。

安托沙听了心中暗暗叫苦:

平常在铺子里，父亲教自己熟悉如何算账，熟悉做生意的各种"艺术"——什么如何招待各样顾客了;如何来做假秤、假斗和其他各种做生意的小骗术了;还有什么如何看人下菜碟儿了……

这些就够我学的了，还得练唱宗教歌。

这回可好，又要我学什么做裁缝，累死人不偿命怎么的!

小安托沙敢怒不敢言，父亲可真是的，我还得上学呢!

心里一急，竟干咳起来，直觉胸中一热，涌出一汪血来。

宗教方面对孩子们严格的约束，却起了跟父亲的心愿完全不同的作用。

"每逢我回忆我的儿童时代，"安托沙日后写道，"我总觉得它相当阴郁。现在我不信教了。当初我的两个哥哥和我在教堂唱歌的时候，人家羡慕地瞧着我们，嫉妒我们的父母。可是我们自己却觉得像是做苦工的小奴隶。"

## 即兴表演的能手

安托沙的父亲巴维尔·叶戈洛维奇多才多艺，才华横溢，热情奔放，还有迷恋热闹场面的天性。

他爱好音乐，通过自修学会拉小提琴和手风琴，还酷爱绘画，对圣像画艺术很有些研究。

他把自己音乐、绘画的天赋都遗传给了自己的子女。

每天傍晚，他总是要和他的次子尼古拉表演几段小提琴二重奏。

他特别喜欢宗教歌曲。他亲自组织一个教堂唱诗班，想让唱诗班成为全市最好的一个。他从铁匠中网罗人才，并强迫自己的几个儿子全部参加唱诗班的高音部和中音部。

这个唱诗班牺牲了他许多做生意的时间。

每逢大的节日需要做早弥撒时，他总是在深夜两三点钟把沉睡的孩子叫起来，也从不管外面是什么天气，都必定要带着孩子去教堂唱诗。

作为父亲，巴维尔·叶戈洛维奇总觉得自己是一片好心，他是爱他们，他要让子女从小养成刻苦耐劳的好习惯和尽义务、负责任、守纪律的良好精神，成为真正有教养的人，将来能比自己更幸福，为人们做更多有益的事情。尽管家庭并不富裕，但他也要孩子们上学，让他们老早学好外国语，教他们画画，唱歌……

正因如此，他的几个孩子不仅多才多艺，而且在十几岁时，就都已经可以说一口流利、地道的法语了。

母亲叶甫盖尼亚·雅科甫列芙娜同样喜欢文艺。

婚前，她写过不少小说。

婚后，她常常坐在柜台旁，一边缝着针线活儿，一边趁没有顾客临门时把她写的小说讲给孩子们听。

小说中那生动的人物形象，曲折的故事情节和那真实的细节把孩子们的心都紧紧抓住了。

母亲小说中的人物都是些善良的小人物，他们没地位、很穷，但非常有志气；小说中的故事真实感人，让人听了，好像前面有盏灯，亮光光的，心中充满喜悦。

尽管父亲给孩子们所分配的时间表是"小铺——学

校——小铺"，学校又是那样的令人窒息、苦闷和恐怖，但安托沙和他的兄弟们并没有成天地愁眉苦脸，他们自己想办法发挥幽默感，用玩笑逗乐，用恶作剧去缓解、改变死水一潭的郁闷气氛。

安托沙从图书馆里找来好些滑稽故事，在同学面前大声朗读，念得有声有色，逗得大家哈哈大笑，而他自己却不动声色。

他还常常模仿某位老师或同学的习惯姿势及说话腔调，使同学笑得前仰后合，有的竟笑出鼻涕眼泪来。

他的幽默讽刺可没有恶意，被他讥笑讽刺的人往往也跟着大家一起欢笑。

对于安托沙的即兴表演及所讲的滑稽有趣的笑话，不仅兄弟和妹妹喜欢，就连成天板着脸的父亲，有时饭后也会提议：

"老三，来给我们表演一个吧！"

小安托沙故意装着思考的样子，嘴里念叨着："演什么呢？"

父亲很着急："随便来个什么都行啊！"

安托沙沉吟了好一会儿，才说：

"那就来一个老学究读文章吧！"

"好！"全家为他鼓掌。

他站在"观众"面前清了清嗓子，耸了耸肩膀，然后便学着古板的老学究的动作，高声地朗读一段文章，逗得大家拍手打掌，推推搡搡。

"好你个安托沙，真有你的!"父亲赞不绝口，"是个演戏的料。"

母亲默不作声，一个劲儿地用围裙擦自己的眼睛，欢喜的泪水不住地流。

一次，他扮演牙科医生，让他大哥亚历山大演牙痛患者。

他拿一把夹木炭的大铁钳子，在"观众"面前晃了晃，龇牙咧嘴地做着鬼脸，他用十分缓慢而又笨拙的动作尽量折磨哥哥，经过老半天地折腾后，他才咬着牙，非常费劲地从"患者"大哥口里拔出一个小木塞儿，然后洋洋得意地把小木塞儿展示给"观众"，逗得"观众"哄堂大笑。

安托沙还喜欢即兴表演各种会议上的官员呢!

一次他扮演"沙皇日"在大教堂里主持庆贺典礼的市长。他以出神入化的演技，把一个洋洋得意、妄自尊大、呆头呆脑的形象表演出来，那神情简直就和乌斯丁谱夫的名画《和平的战争狂》里刻画的人物一模一样。

他还表演在舞会上跳四方舞的官员，一副高傲又胆怯的奴才相活灵活现地展现在人们面前。

安托沙特别喜欢玩"考助祭"的游戏。主考官大主

教的角色，通常都是由他大哥亚历山大扮演，他扮演考生。只见安托沙把脖子伸得很长，使它变得像老年人的脖子那样青筋暴露，同时把面部表情也改变到令人难以辨认的程度，然后就用一种苍老的、颤抖的声音，像一个乡下教堂的下级管事那样，在他哥哥的面前，把所有的主祷文、短颂诗和圣母礼赞的八个声部统统说唱一遍。由于在主教面前产生恐惧感，他一边唱一边喘息着，最后终于得到主教的恩准："你是助祭了！"

安托沙又很善于化装。有一天，他穿得破破烂烂，像个小叫花子，还带着他亲笔编写的感人至深的乞讨信，到他信神的叔父米特洛夫·叶戈洛维奇家里去。他用哀求的语言和神情去打动自己的叔父。而叔父居然没有认出站在面前的亲侄子，更被他乞讨信中凄苦、诚挚的语言所感动，便大发慈悲，施舍给他几个小钱儿。这就成了安托沙的第一笔收入——既是创作的稿费，又是演出的酬劳。

## 含苞待放的并蒂莲

安托沙虽然是即兴表演的能手，可还从来没进过剧院看戏呢。

其实，市立大剧院就在他家附近的彼德罗夫斯卡亚大街上，每天上下学都要经过那里，他多想进去看一看哪。可是不行啊，当时学校规定：中学生未经校长的书面批准是不准进剧院看戏的。

学监季雅科诺夫常常不批准学生看戏，因为他不喜欢戏剧，认为戏剧对青少年没有益处。

他总说："看那玩艺儿，会学坏的，在学校里才不会出错！"

可小安托沙要看戏的愿望太强烈了，于是他决定乔装打扮混进剧场里去，以免被认出是中学生。

这是他第一次到剧场看戏，年龄刚好 13 岁。

这天，安托沙和他的几个小朋友，穿上宽大的大衣，戴副墨镜，手提皮包，装作演员的样子，在学监的眼皮底下混进了剧场。

当帷幕拉开时，安托沙简直惊呆了！

台上演的是奥芬巴赫的轻歌剧《美丽的叶莲娜》。

舞台的布景、灯光、演员的服饰，看得他眼花缭乱：

硬纸板做成的大理石圆柱，壮丽辉煌；蓝色的幕布展现出浩渺的天空；折射在天幕上的灯光变幻出美丽的彩霞；演员穿的服装奇形怪状……

主人公的演技像有魔力似的吸引着安托沙，使他进入一个奇妙、梦幻的世界，他就像喝了甜酒一样，美滋

契诃夫

滋的,沉醉在激情之中。

在间休时,他意外地发现,来看戏的有显赫的人物,希腊的船主,生意兴隆的大商人,以及他们的衣着华丽的贵夫人。

呀,这么多的人都来看这出戏,又都为一名演员喝彩,当一名演员多了不起呀!我将来……

他幻想自己成为一名演员。

从此,安托沙再也离不开戏剧,离不开剧场了。

他看了著名戏剧《哈姆雷特》和改编剧《汤姆叔叔的小屋》,还看了奥斯特洛夫斯基的好几出戏。

果戈理的戏剧他最喜欢!

他特别欣赏令人啼笑皆非的《钦差大臣》,认为《婚事》是一部绝妙的剧本。

安托沙实在憋不住了,便把自己有喜剧才能的兄弟和妹妹组织起来,成立一个家庭剧团,自导自演。

他亲自参加演出的第一个戏就是《钦差大臣》。

这是一次纯粹的家庭演出。

他和两个哥哥老早把杂货铺隔壁放木柴的小屋打扫干净,用木板垫出一个舞台,拉一根绳,上面搭上被单算做帷幕。经过父亲的特许,还多点了几根蜡烛。

一切准备停当,让妹妹把亲戚朋友和邻居请来,做他们的观众。

安托沙扮演剧中的市长一角儿。

他挺着僵硬的脖子，瞪着圆圆的眼睛，鼓着嘴发出浓重的鼻音："嗯，我是谁，我是本市的市长，知道吗？嗯？"

一边说着还一边拍着用坐垫垫得鼓鼓的肚子和胸前挂满用纸板做的勋章。

那滑稽可笑、洋洋得意的样子逗得观众捧腹大笑。

这次演出获得成功之后，这些孩子演员的胆子壮了起来，安托沙说："咱们应该有个固定的剧院来演现代戏，在柴屋里怎么行？"

"是啊，是啊！"大家异口同声地说。

于是大家分头去找剧场。

安托沙有个好朋友叫安德烈·德罗西，他家房子很宽敞。

安托沙到他家一提这件事，立刻得到德罗西父母的支持：

"闲着也是闲着，你们用好了，孩子。只是注意别砸坏东西。"

"放心好了，大叔大婶，我们会小心的，准保不损坏一个物件。"

"这回可好啦！咱们有真正的剧院喽！"二哥尼古拉拍手叫好。

德罗西把安托沙兄弟几个领到一个大客厅，问："怎么样？够用不？除了这个大厅，隔壁还有一个房间，可供演员化装和放服装与道具。"

兄弟几个一边打量大厅，一边合计。

德罗西经母亲同意，把走廊落地窗的一个饰有展翅欲飞的巨鸟的彩色大布帘拿来，大家一比量，正好把大厅隔成两半，一小半做舞台，一大半摆些椅子做观众的看台。

从此后，隔三差五地便在这演一出戏，有的长，有的短，有喜剧，也有正剧，每次观众席上都挤得满满的。

安托沙导演演出了奥斯特洛夫斯基的《森林》一剧，他扮演了剧中的涅斯察斯特里夫采夫。

他把剧中人物演得惟妙惟肖，像每次登台演出一样，逗得观众大笑不止。

常看戏、演戏，安托沙不满足，他还要自己动笔为"剧院"写剧本。他的第一个作品叫《无父儿》，表现不懈追求和反抗精神的主题。

他还写了一系列通俗喜剧题材的作品，有《棋逢对手》、《一个剃了胡子的佩枪的秘书》、《母鸡叫是有原因的》（又名《难怪鸡叫了》）等等。

这些剧本不仅供家庭剧团演出，也供给同学业余演出。

在对戏剧迷恋的同时，安托沙也进行了最初的文学尝试。

他读小学四年级时，学校高年级学生编辑出版了一个叫《小星》的手抄本刊物，他便大胆地投了稿。

负责编辑的同学见了这小同学的来稿，惊喜地对同伴说："大家来看，写得真不错呢！"

"嗯，确实有点才气。"同伴们赞许道。

于是把安托沙的稿子登在《小星》的显要位置，并向小作者约稿。

这下安托沙可忙起来了，他把平常编的那些滑稽故事、幽默笑话都写下来送给《小星》编辑部的大同学。

他还尝试着写小品和诗歌。

他那篇讽刺学监季雅科诺夫的诗篇，以辛辣的嘲笑、讽刺的文学笔锋，表达了对现实压迫的反抗。这首讽刺诗写得生动活泼，诙谐有趣，在学校立刻引起轰动。同学们非常喜欢，争相传阅。

季雅科诺夫是这座监狱式学校的卫道士人物，他不仅不让学生看戏，还整天地像看犯人似的对待学生，学生一点自由都没有。

安托沙心想，在家里爸爸用皮鞭管着我们，在学校这个学监又把我们当做"特殊的犯人"，学校简直成了"劳改大队"、"感化营"。不行，我要把他写出来，当然，他身上也有爸爸的味道。

正因小安托沙总想着这事，不仅写了讽刺诗，而且长大后，以学监季雅科诺夫为原型，创作了著名短篇小说《套中人》。

安托沙总觉着向他人投稿，还不如自己办个刊物什么的，于是，他主办了一份以《口吃的人》命名的幽默报纸。

在自己的报纸上，他满怀激情地把自己身边熟悉的一些典型现象和事件登出来。

这份报不仅在学校大受欢迎，而且还传到校外，整个塔干罗格市都知道契诃夫家的三小子办了一份幽默取乐的小报。

1875 年，安托沙 15 岁时，他的两个哥哥离开塔干罗格，到莫斯科念大学。亚历山大考上莫斯科大学数学系，尼古拉考进美术建筑专科学校。

安托沙非常想念两个哥哥，经常与他们书信来往，表露彼此的亲情。

他还把幽默小报《口吃的人》按期寄往莫斯科。

然而，亚历山大对弟弟文学上的起步，不仅不给以鼓励，反而百般挑剔，把它说得一无是处。

看了 9 月份的报纸，他评论道："不再像以前那样令人感兴趣了，它缺乏趣味。"

其实，他并不理解弟弟的"幽默"，更没有理解弟弟在文学方面的这种尝试的重要意义。

# 对家庭的责任

他只好卖掉旧屋角落里仅剩的几件家具，寄钱给家里暂解燃眉之急。

# 尊　严

　　就在两个哥哥去莫斯科求学的第二年 4 月，小杂货铺由于父亲不善经营而宣告破产。

　　为了躲避债主，父亲悄悄离家出逃，去找两个大儿子。接着全家人相继迁居莫斯科，只剩下安托沙一人留在塔干罗格完成中学学业。

　　亲人们都离去了，他却孤零零地留下来，住在完全属于别人房子的角落里。

　　怎么是别人的房子，他家的房子呢？

　　原来，父亲出走后，放高利贷的人天天来逼债，母亲只好向亲朋好友求救。可这时不同往日了，家境富裕时，远亲近邻都来套近乎，如今见他家穷了，一个个像躲避瘟疫似的，没了踪影。就连他亲叔叔米特洛夫，对他家的求援也婉言谢绝。

　　母亲实在没法儿，就想把房子典押或卖掉。

　　原来的房客，父亲的朋友谢列瓦洛夫，趁机把房子骗了去，只给了 500 卢布，还不够房价的三分之一。

　　谢列瓦洛夫出于过去的交情，暂时把安托沙安置在房间的角落里睡觉、做功课。但还有个附加条件，就是让他担任他那个愚笨的侄子的补习老师。安托沙为了学业只好委屈地答应下来。

安托沙的童年是没有童年的，更很少得到体贴。现在又要过寄人篱下的生活。

但他却觉得自己获得了自由！

不是吗？他再也不用去小杂货铺里照看货物、接待顾客了，也不用再去教堂唱诗、唱圣歌了，更不用在父亲的专横暴戾面前俯首贴耳了。那些压得他喘不过气来的苦差事将一去不复返了。

他环视了一下属于别人的房子和自己寄居的角落，发现了许多值得留恋的东西：他们在门上画的功课表；一个没了头的洋娃娃躺在洗衣板儿旁边；一只依旧飞到窗台就食的小鸟，还有那在墙上歪歪斜斜写下的"尼古拉是傻瓜……"

看到这些他想起往日的痛苦与欢乐，不禁苦涩地一笑，心里叹道：唉！一切都烟消云散了。

一种全新的成年的生活困难笼罩着他，但他不怕。他要独立谋生、打工糊口，保持自己高尚的人格尊严。

塔干罗格市的那些无聊的庸人们，那些长舌妇们，尽情地嘲笑着契诃夫一家破产的不幸，并当着安托沙的面历数为避债而逃走的种种细节。

面对这些轻蔑与歧视，他不屑一顾。

事实证明，安托沙是一个和蔼可亲、令人愉快、很可结交的年轻人。他很能吃苦，敢于承担责任，能为朋友牺牲自己的一切。

他靠家教馆维持生活和学业。

为了每月挣 3 个卢布，他要步行许多路，去城郊家教馆。秋天郊外的路泥泞难走。安托沙连一双厚鞋都没有，仅用破布包着脚，被硬草梗、石块扎得血淋淋的，再加上泥水的浸泡，真是要多疼有多疼，可他却忍着，从不迟到。家教馆的家长和学生们都很感动。

他与新房主谢列瓦洛夫的关系也产生了微妙的变化。

起初，安托沙对这个表面老实，实则奸诈阴险、见利忘义的家伙没有好感，有时说话带有点挖苦和讽刺的味道。新房主虽然也显得有些尴尬和不安，但总以救世主的身份在安托沙面前晃来晃去。

渐渐地，谢列瓦洛夫发现这个 16 岁的年轻人为人沉静平和，不显露锋芒，不惹是非，虽然跟自己说话总带点儿讥讽，但还是很谦恭有礼、态度直率的。

没多久，谢列瓦洛夫便开始以平等的态度来对待这位中学生身份的家庭老师了，而且尊敬地称他为安东·巴甫洛维奇。

在塔干罗格读书期间，安托沙有更多的时间阅读与思考，加强自身修养。

他一有空闲便一头钻到市图书馆阅览室里去，谁的作品都看：比彻尔·斯托夫、叔本华、洪保德、雨果、塞万提斯、冈察洛夫、屠格涅夫、别林斯基……

在塔干罗格最初的艰难日子里，他有些悲观失望，甚至产生自暴自弃的思想，是叔本华的哲学，使他很快振作起来。是的，人不能低声下气地活着，要有骨气与尊严。

在他坚持自我教育的同时，他也注意关心教育自己的兄弟、妹妹，使他们成为独立自主有教养的人。

1879 年 4 月，他给 14 岁的小弟弟米舍尔写了一封语重心长、耐人寻味的信：

亲爱的弟弟米沙：

正当我心情十分烦闷，倚在大门口打呵欠时，接到了你的信。从这一点你可以想象这封信是多么受欢迎，它来得太及时了！你的字写得很好，而且全篇信里也找不出一个文法错误。可是有一点我很不喜欢：你为什么把自己称做"渺小的微不足道的弟弟"呢？你承认自己渺小吗？并不是所有的米沙都一样。弟弟，你应该在什么时候、什么地方意识到你渺小呢？只有在上帝和智慧，美和自然界面前，而不是在人们面前。在人们面前你应该意识到自己的尊严。须知你又不是什么骗子，你是一个正直、诚实的人，对吧，那就应尊重自己的诚实品质。一个诚实的人从来就不是渺小的人。不要把"谦虚"和"妄自菲薄"混为一谈。

你在看书了，这很好。养成这种习惯吧，日久天长，你就知道这个习惯的好处了。比彻尔·斯托夫夫人使你伤心落泪了吗？我过去曾读过她的书，半年前，为了研究的目的又读了一遍，读后，给我一种很不愉快的感觉，就像吃了过多科斯林（希腊南部城市，盛产葡萄干）葡萄干那样难受……你读读下面几本书吧：《堂吉诃德》，好小说，是塞万提斯的作品，人们几乎把他和莎士比亚相提并论呢。如果我的兄弟们还没有看《堂吉诃德》和莎士比亚的《哈姆雷特》，那我一定要劝他们读读。如果你想读一本生动有趣的游记，那就去读冈察洛夫的《巴拉达号战舰》吧……

安托沙清楚地懂得，祖父、父亲的社会地位给他们的影响是小市民的习性——自卑感。因此他十分重视从他本人以及他的兄弟的身上彻底消除这个习性。

后来，他在寄给哥哥亚历山大和尼古拉的一封信中强调：

……必须克服小市民的习性，必须有意志力，必须为此日以继夜地劳动，不断地读书和钻研，才能把自己身上的奴性挤出去，一点一滴地挤出去。

安托沙说自己周围是"'一个十分阴险狠毒的世界'，在这种生活的环境中，不善于尊重自己，奴性十足忍气吞声的人，那生活是多么糟糕和无聊！"

正因有如此反抗的态度，后来他才写出具有社会意义的幽默短篇《小公务员之死》和《优柔寡断的人》……

# 顶梁柱

莫斯科的家生活很惨。

全家六口人挤在一间租来的房子里。

这间房子其实是比街面低的破烂不堪的地下室。

墙上只有两个小通气孔，室内非常憋闷和潮湿，还有一股呛人的霉味儿。从通气孔往外望，只能看到匆匆而过的行人的腿脚。

夜间，在地上铺一块垫子，一个挨一个地躺在上面。

父亲自从到了莫斯科，一直没能找到工作，人也开始衰老了。

大哥来信说："母亲像一支残烛一样，一天一天地熄灭下去，妹妹也病得厉害，躺在垫子上不能起来。"

一家人的生活仅仅靠母亲起早贪晚地给人家做点针线活来维持。

两个哥哥很不争气，他们总觉得小时候受父亲压制，如今已是莫斯科人，自由了。两人经常在外面喝得酩酊大醉。家里的事一概不管不问。

在塔干罗格市就学的安托沙得知这些情况，心里很焦急、难过。

他开始不断地给母亲、父亲写信，常常讲些好听的笑话，想以此尽量使老人振作起来，减轻点精神压力。

可母亲并不理解他的心情，来信抱怨说：

我们收到了你的两封信，信中净说笑话，而我们这时却只有4卢布，又要拿它买面包，又要拿它买灯油，我们一心想你会不会寄点钱来，你不相信，真是太叫人伤心了，玛莎没有皮大衣，我没有棉鞋，只好待在家里……

安托沙只好卖掉存放在旧屋角落里仅剩的几件家具，寄钱给家里暂解燃眉之急。

他又开始到处去给人家补习功课，想尽快攒些钱，再寄到莫斯科的家里去。

其实，作为一位慈爱的母亲，除了对儿子寄予希望和轻责之外，更多的还是表达对身在故乡、孤苦无靠的儿子的深切担心与想念之情：

我每时每刻都在请求上帝，叫你早点来……快点结束塔干罗格的学业，请你快点来吧，实在等得不耐烦了。而且一定要进医学系，萨沙学的这一行我们很喜欢。把我们的圣像一点点地寄给我们吧。我再说一句，安托沙，要是你真的爱劳动，莫斯科是永远能够找到事、挣到钱的。我总觉得，只要你一来，我的日子就会好过了。

看了母亲的信，安托沙深深地感觉到了自己对家庭的义务和责任。

1879年，安托沙以优异的成绩在塔干罗格中学毕业了。

毕业后，他没有急着去莫斯科与家人相聚。

整个夏天，他都在塔干罗格四处奔走，请求市政当局能够发给他十分难得的奖学金。

这是一种由塔干罗格市设立，由塔干罗格市参议会发放给在中学学习成绩优异，而且将继续在高等学校求学的塔干罗格市学生的奖学金，每年的名额严格限制在1人。

奖学金的数量是每个月25个卢布。

功夫不负苦心人，安托沙终于以他优异的成绩和人格的力量，在几经波折之后，获得了渴望中的奖学金。

他一次性从参议会领到了已经过去的4个月的奖学金，整整100个卢布呀！

1879年8月6日，安托沙怀着欢乐激动的心情，登上了去莫斯科的火车。

列车一声长鸣，徐徐启动，接着风驰电掣般向西驶去。

安托沙眼望窗外，塔干罗格被抛到后面，心里默念着：

再见了，塔干罗格！再见了，我的故乡！

下车后，他在莫斯科妓院区格拉乔夫卡大街，紧靠圣·尼古拉教堂的一栋居民住宅楼，找到了他家住的地下室。

看到全家人拥挤在这个小天地里，与亲人团聚的欢乐倏然而逝。

住下来后，安托沙看到眼前的这个家，产生无边的烦恼：

瞧这一家子，像一盘散沙，没有一个主心骨，更缺乏勤奋自强的生气。

年老体弱的父亲，最近找到一份看纺织品仓库的差事，只有 30 卢布月薪，去了食宿，所剩无几；大哥也在外面独立生活，本来是一个很有才华、有学问的人，却因给报刊写的文章反响不大，成绩欠佳，便心灰意冷，以酒浇愁，还染上了说谎的恶习；二哥很有绘画、音乐天赋，可生性懒惰，体弱多病，而且与烟酒交上了朋友，越陷越深，不能自拔；弟弟伊万·米舍尔和妹妹玛莎，都因交不上学费辍学在家……

他决心承担起拯救家庭的责任，做这个家的顶梁柱。

他暗想：应该把父亲接回来，让他过上安稳的日子；应该让母亲好好休息了，不能再干繁重的工作；弟弟妹妹的学费应尽快交付；应该为两个哥哥竭尽兄弟之谊，挽救他们的才能，使之得到充分发挥……

当务之急是要改变生活的环境！

到家一个月后，安托沙用他的奖学金在莫斯科的科波格伊斯基大街租了一栋有五个房间的楼房。这里采光好，宽敞明亮，庭院有树木、草坪和花圃。

母亲含泪自语：“我早说过，安托沙回来就好了！”

# 『契洪特』时代

"真正的诗人总是逐渐地、随着时间的推移而在其作品中变得更加深沉和完美。"

——别林斯基

# 第一次公开发表作品

安东·巴甫洛维奇·契诃夫遵从母亲的意愿，考上了莫斯科大学医学院。

进校后，他发挥在塔干罗格念中学时期的艰苦奋斗精神，一边潜心学习医学，准备做一个救死扶伤、减轻病人痛苦的医生，一边抢时间给刊物写稿，想挣点稿费，填补家庭的费用。

可眼下投稿也很难。

这时正是俄国历史上最反动、"停滞"、"多灾多难"的80年代，列宁称这时代是俄国的"牢狱"。

沙皇亚历山大二世遇刺事件发生之后，俄国反动势力空前嚣张，反动政府更加疯狂地钳制言论。

主管文教的最高长官波贝多诺采夫是个假仁假义的人物，他把压制出版自由、禁止社会舆论作为自己的主要任务。

他暗中下令：必须禁止那种人人饶舌的不可名状的街头巷议，以期尽量减少流言飞语，把全国都"冻结"起来。

但这时也正是列宁所说的"思想和理智的时代"。

普列汉诺夫的哲学思想、门捷列夫的著作、列宾的绘画、柴可夫斯基的音乐……都直接地影响着年轻的契诃夫。

特别是看了幽默作家尼古拉·亚历山大罗维奇·莱金的作品，他很受启发。

"咳，人家那才是作品呢，令你捧腹大笑，又发人深省！"契诃夫止不住地赞叹道。

契诃夫很早就已经发表了自己的小作品，相比之下，他认为那些作品算不得作品，只能叫做"小东西"，他决心做一个幽默文学的革新者。

于是他便向《断片》、《蜻蜓》、《蟋蟀》、《花絮》等众多幽默小刊物投稿。

可是，由于他写的稿子都太严肃，而且表露了对现实社会的抱怨情绪，又不合编辑的口味和要求，结果都没有被采用。

"这怎么行，你应当迎合编辑的兴趣，不过是逗个乐子而已。"大哥建议说。

他只好违心地试试看，结果一试即中！

就这样，他在大哥的指导下写了好多逗乐的东西，因此他把笔名直接写成"我哥哥的弟弟"、"急性人"、"没有脾脏的人"、"一个没有病人的医生"，都表示自己不能做主、没有独立见解。

后来随着视野不断开阔，他决心与庸俗无聊逗笑取乐的"文学"划清界限，创作独特、富有新意的作品。

1879年12月24日，这一天，他向比较有新意的幽默杂志《蜻蜓》投寄了一篇短篇小说《写给有学问的邻居的信》和一篇幽默小品《长篇、中篇等小说中最常见的是什么》，署名为"安托沙·契洪特"。"契洪特"是滑头、逗笑的意思，是一位爱说笑的神学教师给他起的绰号。

事隔不久，1880年1月13日，《蜻蜓》杂志的内部栏目"邮箱"中，登载了一则杂志编辑部所写的"回信"：

致家住德提切夫十八号的安·契——夫先生，尊稿写得不错，我们将予发表，敬祝您百尺竿头更上一步。

1880年3月9日，这一天，契诃夫的那篇短篇小说及幽默小品一并发表在《蜻蜓》杂志第10期上。

契诃夫说，这天是他的作品第一次公开发表的日子。

这两篇作品反响很大，他以辛辣的嘲讽，暴露了资产阶级小市民生活的庸俗、虚伪、残酷和无人性。

小说中嘲笑了一个不学无术、自命不凡的地主。作者模仿祖父和叔父的书信风格，把浮夸的笔法和文理不通的语言结合起来，模仿的用意是嘲笑这种风格，带有对塔干罗格生活反抗的意味。

由于契诃夫的作品大受欢迎，这一期《蜻蜓》加印3万册，各家编辑部纷纷找他约稿。契诃夫领到稿费后，买了个大蛋糕回家。他的母亲、弟弟、妹妹，还有赶回来的大哥和二哥一家子，围坐在蛋糕的周围，说呀，笑呀，一个个向他表示祝贺。

亚历山大激动地说："老三，我算服你了，你的路子走得对，以后我发表作品就得靠你指点了！"

"不，大哥永远是我的靠山。"

"安托沙，"亚历山大站起来郑重地说，"我佩服你的不仅是文学上的进步，更是道德上的高尚，你敢于向旧的东西发起进攻，这是难能可贵的，我缺的就是这些。我写了一首打油诗，作为对弟弟的祝贺。听我念：

我们兄弟五个本是一母所生，

她把我们送进了这个世界之中；

但只有一个人适合自己的才能，

就像花花公子穿着时装那样合身。

我在你的面前是不值一文，

只好让你荣光遍体，独步群伦！"

在座的各个听得聚精会神，眼里都噙满泪花。

## 为糊口而写作

第一次公开发表两个小作品后，安东·巴甫洛维奇·契诃夫便开始了为泛滥如潮的庸俗滑稽刊物撰稿的文学生涯。

大哥亚历山大佩服地说："安托沙，你怎么有这么多的东西？简直神了！"

"我也不知为什么，"契诃夫指着自己的脑袋，"轻松喜剧的题材在我的头脑里太多了，它们一个劲地要往外钻，就像巴库地下的石油一样。"

"是吗？"大哥很惊奇。

"是啊，在我的头脑中有一群人在请求我把他们写出来，他们正在等待着我的号令！"

"这就奇怪了，我怎么就写不出。"

契诃夫从一开始就成了多产的作家。

这除了他有丰富的生活体验外，便是家境所逼。

由于当时稿费很低，他必须尽量地多写作，不住手地不休息地写作，只有这样才能完成自己对家庭的义务和责任。

当他缺钱时，便开玩笑地对出版商说："喂，您要

契诃夫

不要我的短篇小说？对您我可以每 100 卢布让一个卢布。我的小说比海水浴场里的小鱼还多。"

他的两个小作品发表后，正赶上放暑假，为了轻松一下，他便离开了莫斯科，到近郊的乡下去度假。

在那里，他尽情地游玩，到田野上散步，到小河里洗澡，在柳阴下钓鱼。

乡下缺医少药，附近农民听说来了一个医学院的大学生，纷纷相告："快找他给诊治诊治吧！"

契诃夫非常热情地接待求医的农民，他认为这是一个实习的好机会。

他跟乡下农民及他们的孩子很合得来，没几天就交上了朋友，和他们一起下田野里捉青蛙、逮老鼠、捕麻雀，拿回来做解剖，引得大人小孩前来围观。

从乡下回来后，不知怎么的，突然产生灵感，乡下的许多有趣的事儿在脑中萦绕，他连忙把它写下来，这便是一出喜剧《普拉托洛夫》。

大哥担心地说："许多文学家的灵魂都是在过分劳累中被毁掉的。更何况你这样没日没夜地写作，会影响你的本业的。"

"这你放心，我对医学的兴趣远远超过文学，我会做到两不误的。"

为了节省钱，他只好在家里住，写作的条件却很糟糕。这时他的家已搬到了斯特伦坚卡区莫斯科河畔的一套更宽敞的套房里。

由于弟弟妹妹喜欢活动和广交朋友，来家做客的人很多，有的还吃住在这里，他家成了娱乐消遣的场所。

经常是主人弹钢琴，来客弹巴拉莱卡琴，大家一起哼着俄罗斯民歌。一边举杯畅饮，一边扯着嗓子欢唱，有的都把喉咙喊哑了。

契诃夫待客有礼，但他却不能和他的兄弟、客人一起尽情欢乐，他要写文章换稿费呀。

他有时感到欢乐的喧闹声太吵，又不好意思扫大家的兴，只能在心里抱怨没个安静的写作环境。

"真没办法，"他对自己的同窗好友德罗希说，"我的面前是非文学性工作，它无情地折磨着我的良心……在隔壁房间里来做客的小孩哭闹，在另一个房间里父亲在高声给母亲朗读《被感动的天使》。对于一个写文章的人来说，这种环境再糟糕不过了。我的床由一个新来的客人占用了，他老来缠我，跟我谈医学。那是一个天下少有的环境。"

"你也是，既然没有好环境写作，就不写或少写嘛，干吗拼命啊！"

"德罗希，你是知道的，我要一天不写作，全家人就将挨饿，我的确是为了糊口才写这些供人消遣娱乐的玩艺儿呢，所以我说对不起自己的良心。"

"咳，你这沉重的包袱几时才能卸下来呀！"德罗希无限同情地叹息。

然而，就在如此糟糕的环境下，他的写作仍然获得了丰收。

他向《蜻蜓》投寄了大量的滑稽故事、传说、小品文、通俗笑剧。仅1880年至1881年就发表了322篇故事，还有别的文章和报道。

契诃夫虽然为糊口而写作，但却很认真，他的每篇作品一经登载，读者便争相抢购，以先睹为快，因此刊物的老板的钱包很快地鼓起来。

老板还不满足，竟让编辑们在《读者信箱》里进行"炒作"，故意对他的作品过分挑剔，写一些讽刺挖苦他的话，以便引起轰动，扩大发行量。

这些严重地刺痛了契诃夫的心。他决心不再向《蜻蜓》投寄任何稿件。

就在这个时候，又发生了一件令契诃夫愤怒的事。

一天，弟弟米舍尔来学校找他说家里没钱了，契诃夫夹着书本正要去上课，便让弟弟代他去《蜻蜓》杂志社取这期的稿费。

谁知到了那里不但钱没拿到，还受到一顿奚落和侮辱。

主编说："拿钱吗？暂时没有，这样吧，也许你哥哥想买张戏票，我这里正好有一张。"

话音一落，引得在座的编辑们哄堂大笑。

"你——"米舍尔脸涨得通红，气得一句话也没说出来。

主编阴阳怪气地说："小伙子，别生气，要不你想买条裤子的话，也行啊，那就上丘林商店买一条，记在我的账上好了。"

又引起一阵哄笑。

米舍尔气得把门一摔走了。

契诃夫得知此情，联想往日的种种不快：主编一向对他态度傲慢，而且稿费也很抠，不仅标准低，领取时像要小钱儿似的得向他央求……又想到《读者信箱》的事，他便与《蜻蜓》编辑部闹翻，从此跟《蜻蜓》杂志社脱离了关系。

## 巧遇莱金

与《蜻蜓》杂志社分手后，契诃夫暂时停止了写作。

这期间他在校一边学习医学，一边深入到街区、教堂、医院、法庭进行调查，作了大量的"札记"。

同时，他在不断思索，今后如何写，写什么？怎样进一步发展等问题。

……

这天，金秋送爽，阳光灿烂，莫斯科红场附近大街上，行人熙熙攘攘，车辆川流不息，人们在尽享大自然的赏赐。

契诃夫和二哥尼古拉也来到街上闲逛。

忽然一辆豪华马车在他俩身边停下。

"喂，安托沙！"一个年轻人从车窗探出头来喊。

契诃夫定睛一看，啊，原来是他的好朋友，诗人帕尔明。

随即，帕尔明推开车门跳了下来，紧接着一个大腹便便、留着黑胡子绅士模样的人也跟了下来，动作显得很笨拙。

帕尔明向"绅士"介绍："他们是两兄弟，都特有天赋，一个能写，一个能画！"

"绅士"微微点头，打量着眼前的两兄弟。帕尔明又给契诃夫和尼古拉作了介绍。

呀，他就是启迪自己的圣彼得堡作家、著名幽默刊物《花絮》杂志的社长兼主编尼古拉·亚历山大罗维奇·莱金哪！

"先生，您的大作我早已拜读过，您的笔法给了我很大的启发。"契诃夫真诚地说。

莱金听了，笑着问："你就是为《蜻蜓》撰稿的安东·巴甫洛维奇·契诃夫吗?"

"正是，不过现在已脱离关系。"契诃夫解释道。

"啊，是这样。"莱金沉吟片刻，笑道："哎，咱们不能在当街上聊哇，走，我作东，去酒馆!"

这是一家豪华大酒店。

他们沿着地毯，步入二楼一个单间儿。

在这里，他们边吃边谈。

"我知道贵刊在幽默杂志中是最正派的，保持着自由派的面貌，并有适当抗议的色彩。"契诃夫直言不讳。

"适当的抗议? 好! 妙极了，概括得好，连我自己还没觉得呢!"莱金对契诃夫顿时便有了好感。接着叹道："咳，在重压之下，有这'适当'就已不容易喽。不过也要适应各个方面不同的口味，不然的话，就难以生存了。"

"嗯，一个是'适当'，一个是'适应'。"契诃夫一边点着头，一边小声地叨咕着。

莱金急切地进一步表明自己的杂志宗旨："要使杂志存活，也只好谈论细微、琐碎、偶然的事情，避开压力……"

"于是便有了司空见惯的人物形象，什么避暑地的丈夫啊，胡作非为的商人啦，醉眼朦胧的官吏呀，还有星期日的郊游、婚礼、油饼、宴席等等故事啦。"契诃夫抢白道。

"一点儿不错，正如你那幽默小品《长篇、中篇等小说中最常见的是什么》讽刺的一般模样，的确无聊，但它不伤大雅呀，要存活嘛，没办法的事。"

契诃夫笑了笑，不再谈这个问题。

莱金敏锐地觉察到这位年轻、机智的医科大学生是一个难得的人才，决定把他揽在自己的旗号下。

"啊，是这样，"莱金开腔了，"契诃夫先生，眼下您已与《蜻蜓》散伙，而我呢正需要像您这样有才华的人，不妨就加盟到《花絮》中来，不知——"

契诃夫正求之不得，不过他还是先问问条件。

"那就开诚布公地直说了吧。我需要短小精悍、趣味浓厚、轻松诙谐的故事。至于内容嘛，随您的意，但有一点您要特别注意，不要让书刊审查机关抓住把柄。任何引起读者对当前艰难时局不满的主题，都应排除！"

契诃夫欣然地应承下来。

"我看这样，就开辟一个《莫斯科生活花絮》专栏，由您负全责，不过需稿量很大，可不能空档噢。"莱金提出进一步要求。

"这您尽管放心，"契诃夫自信地说，"如果把我在一个美好的夜晚写出的一切给《花絮》，那么我的这些材料足够您用上一个月。"

"好极了，稿酬暂时每行字8戈比，即每篇文章4—5卢布，怎样？以后见好再提。"

契诃夫喜上眉梢，这比他从前在《蜻蜓》得的稿酬高多了！

"尼古拉也别闲着，"莱金想这两兄弟是黄金搭档，"可为你哥作品做插图，也可为刊物画些漫画。"

"太好了！"尼古拉惊喜道。

于是双方签了合同，并特意加了一条：契诃夫须将自己最好之作品给《花絮》。

## 打破框框

午夜时分，莱金在参加酒会之后，乘车回家经过《花絮》杂志社时，见楼上的灯还亮着，便停车下来，进去想看个究竟。

在走廊隔窗望去，只见契诃夫坐在编辑室的一个角落里，奋笔疾书。他把写完的稿纸用右手食、拇指一夹抛到桌边，雪片似的一页一页地飞着……

莱金惊呆了！他死死地钉在那里，看着眼前动人的情景。

契诃夫加盟《花絮》后，把专栏搞得有声有色，把杂志社当做自己的家，从来不嫌弃任何工作，什么写稿校对，跑印刷厂，甚至扫地、擦桌子的活计他都干，简直成了莱金的勤杂工。

莱金面对这样一位勤奋、机敏的多产作家，一方面想从他身上多挤点油水，另一方面又担心他被自己的竞争对手收买去。

"不行，得盯紧点，不能让他在别的刊物上发表作品！"莱金心怀妒忌地暗下决心，"看来要稳住他，也只好多多少少地一戈比一戈比地慢慢地提高他的稿酬标准啦。"

莱金见契诃夫依然旁若无人、聚精会神地书写着，便未去打扰，悄悄地离开了杂志社。

在《花絮》期间，契诃夫使用的笔名还是在《蜻蜓》期间用的"安托沙·契洪特"。

起初，他提供给《花絮》的种种"小零碎"，跟别的幽默刊物的作品区别不大，逐渐他把"小零碎"扩大成笑谈性质的小型短篇小说（小小说或微型小说）。

一天，莱金看完署名契洪特的《艺术品》，惊喜若狂，连忙写信给契诃夫，说：

这正是我所盼望的，适合《花絮》的标准作品！给幽默刊物就是要写这样的小说。

这是在给契诃夫的短篇小说定格，他想把这位年轻的撰稿人压挤在《花絮》传统的框框里。

其实，《艺术品》是一篇志趣并不高的笑谈，尽管它也闪耀着契诃夫式的文采。

《艺术品》不过是一个古铜烛台在各家手上辗转，最后可笑地回到原主的故事，除了这样一个滑稽可笑的去而复返的情节以外，别的什么也没有了。

"我可不期望你的稿子里还有点什么别的东西，这就足够了"。莱金强调说。

但契诃夫的小型短篇小说在莱金眼里好像在一天天地变，变得有点走了样，不大像《花絮》式的了，里面出现一些新鲜、古怪、特殊的东西。

"不行，不行，绝对不行！"莱金慌了，"不能让他打破《花絮》的框框，我让他像《丑小鸭》故事里的鸭子们期望的那样，慢慢会跟别的鸭子一样，变得小一些，决不能让他成为鸭群的白天鹅！他永远只是我造文的机器。"他这样盘算着。

契洪特作品中无关痛痒的笑谈渐渐变成健康的笑语，而且显得严肃起来，所反映的是各种各样"小人物"的呼声。

读者越来越喜欢契洪特的短篇小说，从中领悟到意外的深意，体验出一种奇妙的感情。

看上去，这些小说外表上同一般幽默作品很相像，同一个环境，同一种情态，同一类角色，甚至手法也好像相同。然而令人感到古怪、新奇、精美！

莱金从一开始就"挤压"契诃夫，这时更竭尽全力来束缚他。

在给契诃夫的信中，他要求要"狠揍那些放荡的商人和蛮汉……狠揍那些演员……讽刺、漫画、奇想、怪念在这里都有用……把这些恶作剧写得越蠢越好。"

契诃夫见信后摇摇头："这都是过时的把戏，不惜代价、漫无节制的逗笑。"

莱金还经常删掉契诃夫稿子中严肃的内容。

契诃夫据理抗争。

1883年，他给莱金的信中说："你说我的《柳树》和《贼》对《花絮》这样的刊物未免太严肃，不过我觉得一个只有百来行长的严肃的小玩意不会很刺眼。……那篇作品相当轻松，合乎你刊物的风格，那里面既有情节，又有'适当'的抗争……短小精悍、轻松愉快的文章，即使严肃一些，读起来还是令人高兴的。说实话，搜集笑料困难重重。有时你去寻找笑料，而写出的东西令人作呕。因此，不管你愿意与否，你不得不写一些严肃的东西。"

契诃夫经过与莱金的巧妙周旋，他给《花絮》的传统风格文学小品注入了严肃的文学内容。在低格调的框框之内，写出了高格调的文学作品。

契诃夫的作品使莱金感到迷惑不解：

小型短篇小说原本是自己的体裁与风格，自己的作品是自然主义的素材文学。如今契诃夫把这些生活素材提高到类似于诗的境界，从可笑的角度照相式地摄取现实。

往日自己的作品曾大受欢迎，也曾使契诃夫"哽咽"，现在他的作品却惊倒一片，备受青睐。

也许这是文学体裁的"革命"，我落伍了？

……

短篇小说《漫不经心》问世，莱金终于折服了！

"这的确是一个'可爱的小东西'，亲爱的安东·巴甫洛维奇·契诃夫，你终于成了丑小鸭群里出来的'白天鹅'！"这位著名的小品文学作家紧紧拥抱契诃夫感叹地说，"我的风格已变成了你契诃夫的风格！"

## 从"苦恼"中走出

一天，契诃夫从报上看到一则令他震惊的消息：

作家加尔申昨日扑向飞转的旋梯自杀身亡，时年

32 岁。

加尔申是契诃夫的朋友，他的幽默的短篇小说契诃夫极为欣赏。

"咳，他是被残酷的社会宰杀了！"契诃夫心中燃起怒火，"多么善良的人哪！"

是啊，社会的黑暗，文化界死气沉沉，毫无生气，使多少有才华的人消沉、堕落下去。他们看不到希望，在苦恼中憋闷、彷徨，最终被毁灭。

诗人们曾写出这样的诗句：

上帝诅咒的一代人啊，
我为你们的苦难哀吟……

性格脆弱敏感的朋友加尔申就是在这令人诅咒的年代中心情沮丧，患了精神病。

契诃夫的另一位好友帕尔明此时正在酗酒。

他本是待人宽厚、热情洋溢、充满理想的诗人。人们都争相吟诵他的涅克拉索夫式的诗。

然而书刊检查官却说他是"红色分子"，并说"他的字里行间充满着毒汁"。

"哈哈哈，笑话，'充满了毒汁'，'红色分子'，哈

哈哈，"帕尔明抱着酒瓶，瞪着绝望的眼睛，冲着契诃夫抱怨，"我怎么会，我以善良之心，他们却这样待我，哈哈哈，我从此不写好啦，他们能写，叫他们写好啦！哈哈哈……"

契诃夫现在正在幽默杂志《花絮》里挣扎，冲破传统框框，改革旧风格。

他也曾苦恼过，是大作家莱金给他一个创作园地，他可以轻车熟路地为"主人"去写人们熟悉的故事，人们熟悉的形象，但他"不"，他极力地抗争，这也确是令人苦恼的事情。

别有用心的人在等待着看笑话：

"瞧，契诃夫的两个哥哥，天天烂醉如泥，狂饮不止。他自己呀，也说不定哪一天，因'酒精'中毒而死于栅栏旁呢！"

不能，我自己不能，也不能让同行们、有志进取的人们放下手中的笔。

血气方刚的契诃夫像名出征的战士发出钢铁般的誓言。

他要战斗，他已把为幽默刊物写稿的事业作为向他所憎恶的谎言和庸俗开战的战场。

眼下，《花絮》杂志社社长兼主编莱金虽然默许了"契诃夫风格"，但在形式上依然"框框"重重。

这使契诃夫感到很为难。

他找到莱金恳求地说："先生，经过一再压缩、删节，我开始计算行数，我数到 100 行，120 行，140 行，我害怕极了，我无法拿出这样的文章。我请求您给我写120 行文章的权利吧！"

莱金两手一摊，耸耸肩："那怎么行呢，这可是《花絮》的又一传统呢，不能都打破吧！"说完扬长而去。

在这样苛刻的要求下，契诃夫不得不在"框框"里闹革命。

契诃夫成了文学新形式的创造者，他的小小说可容纳中篇乃至长篇小说的内容。

他的格言是：

短——是才能的姊妹。

写作技巧——就是缩短的技巧。

写作的才能——就是简洁。

要善于长话短说。

写了再删，写了再删。

写作的艺术，其实不是写的艺术，而是删去败笔的艺术。

契诃夫的"短"是有容量的，他的作品情节细微，插话极少，对白简短，写景精炼。

这既是生活真实深度的反映，也是作者精心提炼的结果。

## 最初的辉煌

自1883年起，经过两年艰辛的探索之后，依然还是"安托沙·契洪特"，却创作了不少优秀的幽默短篇小说。

这些作品已经与当年流行于市的专门供市民们消遣的众多滑稽的故事截然不同。

把幽默与讽刺、喜剧与悲剧融合交织成不可分离的艺术整体，是契诃夫对文学革命的又一大贡献。

他常常把卑鄙庸俗的行为放到悲剧中去表现。

莱金视为"未免太严肃"的《柳树》，既具悲剧性又具讽刺性地写了一桩抢劫杀人案。

一辆邮车通过某地的一条驿路。在一个偏僻的地方，马车夫趁邮差打盹的当儿，把他打死了，将一袋贵重邮件扛到离驿路不远的一座磨坊的大柳树下，塞进柳树的洞里，然后匆匆跑回邮车旁拿锤子朝自己头上打了两锤，弄得满身是血后，打马奔跑，边跑边喊："杀人了，救命啊！……"

这件事被磨坊里打盹儿的守磨老头儿看见了。过了两天，老头儿带着邮包到城里去报案。

他进了第一个衙门，当官的把邮包拿到别的房间去关起门来检查，然后对他说："这事不归我们管，你应到下街去。"老头接过邮包感到轻了许多，里面的东西少了一半。

他到了下街衙门，一个文书把邮包交给一位胖子长官，胖长官回到自己的办公室，过了一会儿出来对文书说："邮包是空的，不过你告诉老头儿，他可以回去了，要不然就把他扣留起来。"

到了秋天，马车夫到柳树下取邮包，发现洞里空空的。便去问守磨坊的老头儿。老头儿说他送到城里衙门去了。马车夫把老头儿狠揍了一顿，以后就留下来跟老头儿住在一起。

由于良心发现，马车夫日夜不安，便请老头儿带他去城里自首。到了下街衙门，马车夫跪到胖长官面前认罪。长官吃了一惊，说："你干吗诽谤自己，傻瓜！你喝醉了，混蛋，这样反而会把事情弄乱，罪犯始终没有找到，就是这么回事，滚出去！"老头儿向胖长官提及邮包的事，长官哈哈大笑……

马车夫只好跟着老头儿回到磨坊去，没过多久，马车夫受不了良心的折磨，便跳水自杀了。

喜剧和悲剧，讽刺和幽默的交叉构成了小说的基础。这样的交叉，既令人发笑，又令人悲伤。

这种交叉反映了现实生活的矛盾，生活中就有许多这种发笑和悲伤交叉的现象。

把喜剧和悲剧，讽刺和幽默糅合为一体，目的是为了更真实地表现生活。

"小人物"们渴望有自己的文学来讲述他们的困苦生活，契诃夫便把"小人物"作为自己的描写对象，作"小人物"的亲切代言人。

一天，他到巴勃基诺庄园去做客，庄园主基塞辽夫的夫人热情地招待这位小有名气的作家。

"上次你帮我改的稿子已经登在《闹钟》里了，真得谢谢你。"

"那就再给我讲个故事吧！"

原来这位夫人是皇家剧院的总监，儿童文学作家，契诃夫曾多次为她改稿，并把她的作品推荐给有关杂志。

这位夫人待人热情，她善于给客人们讲美丽动听的故事。

"那好吧，我就给你讲最近在莫斯科大剧院所发生的一件事儿。"

故事是这样的，其实很简单：

那天剧院里正演莎士比亚的《哈姆雷特》，座无虚席，连过道上都加了椅子。由于人多，显得有些闷热。

在一个包厢里坐着一位司法长官和他的一位小听差。

大家都聚精会神地看戏，不知怎的，那小听差突然打了喷嚏，唾沫星子溅到长官的身上，长官回头瞅了瞅他也没说什么。

这小听差感到不好意思，一个劲地向长官解释说："我不是故意的，看，这咋说的，喷嚏溅了你一身。"

长官挥挥手说："没什么，看戏吧。"

可这小听差哪有心思看戏呀，还一个劲地解释。

"你有完没完，烦死人了！"长官气急了，"你不看，我还看呢！"

吓得小听差再也不敢出声。

散场后回到家里他越想越不对劲，心想，明天长官非开除我不可，竟一宿没睡着。第二天早晨他起不来床，原来病了。发烧说胡话，还叨叨着："我不是故意的，看溅了你一身……我不是故意的……原谅我吧……"

就这样小听差的病了一星期，差点死了。

"哈哈哈，你说可笑不可笑。"夫人讲完止不住自己先笑了起来。

契诃夫听了也止不住地笑，不过笑得很苦涩。

当晚，他睡不着，联想起那些在"苦闷"中沉沦、死去的朋友，想到当年小弟米舍尔的那封信，称自己是"渺小的微不足道的"小人物，难道他们在这样等级森严、强权压制下就没有了尊严了吗？

他连忙铺上稿纸，"刷刷刷"地写了起来。这便是《小公务员之死》。

小说一经登载，立刻引起了轰动。

同样滑稽的小说还有《胖子和瘦子》、《在钉子上》。

契诃夫嘲笑官场中的丑恶现象，而在笑声中，又使人感受到了辛酸和郁闷。

《花絮》的传统框框早已被契诃夫打破，他正在探索新的、区别于幽默小品的表现手法，开始逐渐形成抒情心理短篇小说的探索、积累过程，也开始了幽默小说家契洪特向俄罗斯新一代艺术家、短篇小说大师发展转化的历史进程。

## 乡村医生

1884 年，契诃夫大学毕业，并以优异的成绩获得医学博士的学位。

这天晚上，母亲叶甫盖尼亚·雅科甫列芙娜对契诃夫关切地说："安托沙，今后你怎么打算哪？我看你一门心思地搞写作，怕是要弃医从文了吧，你这医学博士可就成了空头的啦。"

"哪能呢，妈妈你放心，"契诃夫胸有成竹地说，"医学呀，是我的合法'妻子'，文学不过是我的'情人'，直到进棺材以前，我都不会放弃医学，至于文学，我迟早是要和它分手的。"

"也不要那么绝对，妈妈是过来人，我未嫁给你爸时，爱好文学、写小说，有你们以后，成天忙得喘不过气来，小说是不写了，可我还是爱看些文艺作品什么的。"

"说得也是，"契诃夫说出了心里话，"我这合法'妻子'呀，是妈妈让我要的，妈妈是我们的'媒人'；而这'情人'，却是我从小就认识，属于'青梅竹马，两小无猜'自由恋爱。感情特别深厚，谁也离不开谁。"

母亲笑了，她理解儿子的心思，便说："我就知道是这么回事，但愿别把医学丢了，四年大学念得不容易。"

"这我知道，怎么也要照看好'妻子'呀，"契诃夫笑道，"我打算去沃斯克列辛斯克，那里有个医院正缺人。"

"干吗到你弟弟那去呀，一个乡村，没什么好条件，在城里又不是找不到从医的地方。"

"我正要找个跟农民生活密切联系的机会呢，另外还可以跟伊万在一起。"

母亲见他这样说，也就没话了。

沃斯克列辛斯克在莫斯科郊区，弟弟伊万在那里任小学教师。

大学时，契诃夫曾去那里度假，游山玩水，钓鱼捕鸟，为农民看病。在塔干罗格时期，他有很多机会去海边，去附近农村和草原游玩，养成了迷恋大自然风光的癖好。

一到沃斯克列辛斯克镇，他就被大人小孩儿、老朋友们团团围住。

"欢迎你，安托沙大夫！"镇长热情地打招呼。

"你再给我们瞧瞧病吧！"当年求医的农民乐呵呵地喊着。

"……"

镇长和伊万套上马车，送契诃夫到沃斯克列辛斯克镇不远的兹维尼哥罗德地方医院去。

一路上，不断有人挥手、打招呼。

"这里的老院长退休了，你来得正好，医院就由你主持吧。"镇长恳求道。

车轮滚滚，马蹄嗒嗒，田野的风，路边的花草……把契诃夫吸引住了。

"怎么，你不答应?"镇长见他没出声，拉住马的缰绳，回头问。

车一下停了，契诃夫这才回过神儿来。

"恐怕不行，看病还可以，主持工作可没经验哪。"契诃夫推脱道。

"一回生二回熟嘛，就这么着吧!"镇长独自就给定了，然后打马驾车又上路。

在主持医院工作期间，除了医疗工作外，他还经常代理镇和县的医官同法院检查官一起外出剖验尸体，出席县级司法会议，有时以鉴定人身份发表演说。

1885 年，在契诃夫建议下，伊万离开了沃斯克列辛斯克，到莫斯科一所高级小学任校长。

契诃夫在好友基塞辽夫的巴勃基诺庄园里，租了一栋别墅。

豪华的庄园风景令人陶醉。它坐落在伊斯特拉沙陡峭的岸边，有宽阔的英国式的大花园，蜂蝶留恋的花坛，幽深茂密的树林，一片绿色的草地，清澈见底的鱼塘，黄莺在树上啼鸣，时而从远方传来优美动听的钟声……

契诃夫简直被它迷住了！

他写信给《花絮》杂志社主编莱金：

当我透过窗户观赏夜幕中的树木、河川时，感到心旷神怡……当我听到夜莺啼鸣时，简直不敢相信自己的耳朵。

契诃夫笔下许多精彩的风景描写，大都是从这里摄取的。

这里，经常集结着许许多多出身、教养和职业都各不相同的人物：有地主、农民、医生、官吏、教师、演员等等。

这个人才集聚地，实际上成了文艺"沙龙"。

契诃夫在这里接触了社会各阶层的形形色色的代表人物，获得了取之不尽的创作素材。

除了看病，他还得抓紧时间写作，因为别墅租金500卢布，为此他借了100卢布的债。

他的写作经常被病人打断，但他却乐此不疲。

白天，契诃夫给病人看病，与庄园主人及各界著名人士聊天、散步、游戏、进餐……一到晚上，他便客气地告辞了。

每逢这时，庄主与客人总爱打趣地问他："忧郁的月亮，你不好多玩一会儿吗？"

契诃夫常常打个呵欠，回答说："呵……忧郁的月亮……想睡了。"

他回到房间，先是把白天的印象加以整理，然后便投入紧张的创作。

莱金特意从莫斯科赶到沃斯克列辛斯克，想看看这位医学博士怎样写作与行医。

"糟糕，这怎么行呢？"莱金一进医院门，见挤了一屋子的病人，止不住地放下手提箱，惊叫起来，"这要误事的，《花絮》的稿子可要保质保量啊！"

"这你放心。正因为病人多，我才有广泛的素材。"

莱金将信将疑："难道行医真的对你的文学活动没影响？"

"有哇。但不是负面的！"契诃夫感慨地说，"大大开阔了我的视野，丰富了我的知识。真正的价值只有做过医生的人才知道。"

"好，我相信你。"莱金打断他的慷慨陈词，从手提箱里拿出一个纸包，递给愣在那里的契诃夫。

契诃夫打开纸包，原来是一摞样书，还散发着铅油味呢！

他激动得手有些颤抖，这是他的第一本小说集《梅尔柏密尼的故事》。它仅仅收入了他早期著作中的六个作品：《演员们的妻子》、《他和她》、《悲剧演员（奇闻）》、《两件丑事》、《男爵》、《报仇》。

沉默片刻，契诃夫平静地说："这是三年创作的小结，稀里糊涂地写了一百六十多篇作品，现在想起来，这些东西现在我是怎么也不会写的。"

"安东·巴甫洛维奇，不要过于严厉地责怪自己，这其中也有我的错误，"莱金诚恳地说，"现在你的抒情心理短篇小说正开始走向成熟。可以这么说，契诃夫你也并不是一个马到成功的幸运宠儿，你的成功是通过缓慢的艰苦的劳动取得的。"

听了莱金中肯的话，契诃夫很受感动，他终于从泥沼中走出来了。他抚摸了一下样书，把它放在桌上，说："就让它们作我前期创作的历史见证吧。"

说完，从抽屉里拿出几份稿子："先生，这是我新近写的，您看是否可用？"

莱金连忙接过，匆匆翻看，一个个题目映入他的眼帘：《外科手术》、《死尸》、《在验尸场上》、《逃亡者》、《文官考试》。浏览一遍后，他把稿子装入手提箱，说：

"我得马上赶回去付印！"

## 为"底层"呐喊

离巴勃基诺庄园不远住着一位画家列维坦，他是契诃夫与尼古拉的好朋友。

"安托沙，听说列维坦最近患了忧郁症，企图自杀。"尼古拉托人送来一张纸条。

契诃夫得知后，便常去看他，安慰他，每天陪他散步。

"你看这莫斯科郊外的自然景色多么令人陶醉，一层层的林木，五光十色，倒映在水面上，呈现出海市蜃楼样的世界，白色的沙鸥从一抹迷雾中斜飞，多么有生气，天上的淡云与碧空，仿佛舞台的衬帏……"

"是啊，是啊，"列维坦跟契诃夫一样热爱莫斯科郊区的自然景色，"你从文学的观点去看自然，我是以画家的视角去观察她。是啊，自然是美的，可人心险恶，怎能不让我忧愁……"

"与其忧愁，莫不如用你那神奇的画笔，给人们绘出美丽的大自然风光，让沉沦在苦难中的人透透气。"

"好吧。"列维坦当真支起了画板，潜心构图。

"是这样吗？"契诃夫问，"在这里要留有空间？"

"嗯，绝对不能挤满，虚实，主次，远近都需安排得当，观察要有角度，下笔要讲艺术与神韵，绘画与照相不同……"列维坦仔细地讲解着。

契诃夫从朋友那里学到了观察大自然的知识，列维坦在朋友的乐观情绪影响下，开始恢复了对生活的信心。

这时的契诃夫，作为医生的名声也随之大振。他不仅医术高超，注意医学上的新成就，而且高度重视医生的社会职责。他的门前挂着"契诃夫医师"的招牌，从早到晚给患者看病，并且常常到外村出诊。由于过分的操劳，他患上了当时是不治之症的肺结核，这是小时候潜伏下的病根儿。

通过在地方医院行医，使他加强了与社会、人民的联系。特别是与农民、小市民、小军官、职员、教员等"底层"人的联系。他目睹了现实生活中各种各样"底层"人的命运。

于是，他把同情"小人物"，揭露现实生活中各种各样的弊端和悲剧，讽刺、抨击警察专制制度和小市民的奴颜媚骨作为创作的重要主题之一。

1884 年岁尾，他写下了脍炙人口的名篇《变色龙》。

短篇小说《变色龙》，写了一个趋炎附势、见风转舵的警官。他看见一个工人被狗咬后，先是声言要严惩养狗的人，后来听说狗主人是一个将军的哥哥，便立刻对被咬的工人吼道："我早晚要收拾你！"通过这个警官不断变换的嘴脸，痛斥了这个欺压百姓、阿谀权贵的奴才。

1885 年上半年就这样在抱病写作与为人治病中一闪而过。

契诃夫终于认识到自己的天职是在文学方面，而不再是医学。

他决定回莫斯科。

然而彼得堡各家报刊迟迟没有寄稿费来，他所拖欠的房租无法支付，一直延迟到 9 月才踏上归途。

回到莫斯科后，他又咯血了。

为了一家人的生活，他又挂起了"契诃夫医师"的招牌，一边为人治病，一边拼命写作，把他自己的病早丢到脑后去了。

继《变色龙》之后，他又创作出一篇讽刺题材的光辉之作——《普里希别耶夫军士》。

这两部作品可以与果戈理·谢德林的讽刺作品并列！

在《普里希别耶夫军士》里，作者刻画了一个退职的中士甘愿做统治阶级帮凶的形象。他回到自己的村子

里，不准人们聚集街头和唱歌，甚至在女人背后跟踪察看是否越轨，随时准备向当局报告。这个僵化顽固的卫道者，其整个生存目的，就是以机械刻板的教条和官僚主义的命令来限制并妨害人们的正常生活。

普里希别耶夫军士只是一幕短剧中的一个角色。他的面目、他的性格是人们所熟悉的，他的形象成了一种象征：厚颜无耻、愚蠢自负、无知自信、妄自尊大、蛮横无理、傲慢骄横、蔑视人民、粗暴荒唐。他的古怪行为形成了普里希别耶夫癖，不仅是可怕的，而且在人们的眼中是极为可笑的。

接下来契诃夫又连续写了《牡蛎》、《乐师》和《哀伤》。

其中短篇小说《哀伤》（又名《痛苦》）是这时的成熟之作。

作者以极朴实的功力，为我们转述了无情的惨祸：

老太婆死了，老旋工又意外地残废，马朝医院方向缓缓前行，按照惯性，旋工脑子里继续转动着他原来打算送给医生卡里利阿白桦木烟盒的念头，而这时他已没有了双手……

在风格上，这篇作品已经十分接近于抒情心理短篇小说，并注重描写"底层"穷苦劳动者的生活，这不仅反映了安托沙·契洪特在思想上的进步，而且也推动了契洪特在艺术形式方面的探索，促进了契诃夫在抒情小说方面的发展。

## 圣彼得堡之行

1885 年 12 月，在莱金的热情邀请下，契诃夫由妹妹玛丽雅陪同乘车去了圣彼得堡。

彼得堡位于波罗的海芬兰湾东岸，涅瓦河河口，是俄罗斯第二大城。

它，是契诃夫早已向往的地方！

这里是俄国的政治、经济、文化中心，特别是著名文学家、艺术家的居住地，集中了许多名流，如萨尔蒂科夫——谢德林、格里戈罗维奇、列斯科夫、格乌斯宾斯基、普列谢耶夫……还游荡着普希金、果戈理、陀思妥耶夫斯基、涅克拉索夫的英灵。

"能多呆些日子吗？"莱金问。

"恐怕不行，莫斯科那儿还有许多事情，我身体又差劲，只能有两周的逗留时间。"

第二天，莱金雇了一辆双匹戴眼罩高头大马驾的豪华车，车厢前有锃亮的铜灯，后车桥上挂有悦耳的响铃。

契诃夫兄妹坐进去，感到好舒服。

"嚯，富人就是这样享受的呀？"契诃夫问对坐的莱金。

"这才哪到哪儿，讲究的多着呢。"对方不屑一答。

"你们看！"莱金指着窗外。

透过车窗，迎面一个庞然大物，连绵高耸，好像一座城。

"这就是圣彼得堡！"接着他介绍说，"这里原先是几个密林环绕的小村庄，直到1703年5月，彼得一世才在涅瓦河的一个小岛上建立城堡，这就是圣彼得堡的由来。1712年，彼得堡成了首都。"

停了一会儿，他又说："这堡还是世界著名的桥城呢。它既有着交通设施，又有着一座座出色的雕塑。有四座桥最为著名，叫红桥、黄桥、蓝桥和绿桥，统称为彩桥。"

"下车看看好吗？"玛丽雅问。

"当然，来彼得堡，不看彩桥，等于没来。"

在莱金的引导下，拾阶登上城堡，那雕塑的动物、人物与植物惟妙惟肖，活灵活现。

"真是鬼斧神功啊！"契诃夫赞叹道。

接下几天，契诃夫兄妹在莱金的陪同下，环城漫游了一番，还参观了坐落在皇宫广场的冬宫。这个金碧辉煌的皇宫有大小宫厅、房间一千多间，它与相邻的艾尔米塔什博物馆组成世界上最大的博物馆，里边藏有二百七十多万件艺术珍品。

由于多日的劳累，契诃夫又咯血了，只好由玛丽雅陪着，在旅馆歇息了两天。

紧接着，在莱金的引见下，契诃夫结识了不少名人和朋友。人们都热烈地欢迎他，向他表示敬意，对他倍加赞扬。

这天，契诃夫接到一封邀请信，请他到新闻界巨头、首都最大一家报纸《新时代》的创始人兼社长阿列克西斯·苏沃林家去做客。

当他从马车上下来，脚还没等沾地，就见一位穿着考究的肥胖老者急快地迈动短腿来到契诃夫眼前。

"欢迎！欢迎！安东·巴甫洛维奇先生。"

契诃夫连忙还礼："谢谢苏沃林先生的邀请！"

苏沃林像大人提携小孩似的拉着契诃夫经过庭院径直步入客厅。

这里已坐有四位客人，见主人进来纷纷起身。

"来，我给你们介绍，这位就是《小公务员之死》、《变色龙》的作者契诃夫先生，"又转身指给契诃夫，

"他们都是我文学界与报界的同仁。"

大家围着一个椭圆形长餐桌落座。

其中一位中年客人说："我读过您的那本《梅尔柏密尼的故事》，有趣得很！人物鲜明，写作技巧新颖！"

主人苏沃林介绍："他是著名作家普列谢耶夫。"

契诃夫连忙起身点下头："荣幸！"

契诃夫坐下后，环视了一下，突然发现坐在边座的一个老者以异样的目光盯着自己，当两人目光相遇，那老者咳了一声，回避了。

仆人送来咖啡。

"请，大家边饮边聊，"苏沃林说，"今天安东·巴甫洛维奇·契诃夫先生莅临寒舍，本人深感荣幸。您的作品我早已拜读，印象颇深，尤其近两年佳作不断，首都拥有您的广大读者。"

契诃夫忙说："我写的都是一些'无价值'的小故事……"

"不，不，不，"苏沃林连忙说，"您应知道您的创作的伟大意义，您的作品，彼得堡需要，俄罗斯需要！"

"我倒从来没有感觉到读者对我的态度，更不知我的作品有人会感兴趣。我只不过是用良心写作，仅此而已。"契诃夫真的没想到他的作品在彼得堡会有这么大的吸引力。

这时，那位"异样目光"的老者咳了一下。

"噢，米哈依诺斯基，民粹派的领袖人物，您有何高见？"苏沃林闻声介绍。

米哈依诺斯基说："这位年轻的契诃夫的确是位真正的天才笑星，但他与其他笑星是有区别的，区别在哪里呢，那就是他为人正派。"

接着，他语气一转，说："不过他可是一个无原则的作家，缺乏世界观，在文学道路上甚至不知道该往何处走，怎么走……"

"叭"地一声响，普列谢耶夫拍案而起：

"这样评论是不公平的，不符合实际的，而且是不怀好意的！"

"你——"米哈依诺斯基气得大咳不止，用手帕捂着嘴说不出话来。

在座的也纷纷摇头。

"怎么能说无原则呢，难道为'小人物'张目不是原则？"

"是啊，不知往何处走，这——怎么说？"

"太不公平了，简直不负责任。"

契诃夫对米哈依诺斯基的指责也极为不满。他虽然感觉到自己缺乏具有积极社会意义的世界观，但对民粹派这种别有用心的说教与责难，还是从心里感到厌恶。

契诃夫霍地站起来，语气平缓地说："请诸位不要为我如此冲动，米哈依诺斯基老先生的责备有几分道理，但那是他的，并没有怎么打动我。因为我既不是自由派，也不是保守主义者；既不是改良派，也不是僧侣；既不是民粹派，也不是托尔斯泰的门徒；更不是无所谓的人。"

普列谢耶夫首先站起来鼓掌："好，这才是诚实的人，真正的人！"

苏沃林擦擦额上的汗，向米哈依诺斯基下了逐客令："怎么，你还不走？"

米哈依诺斯基见老朋友对自己如此不恭，瞪了一眼，提起文明棍儿一跺脚，走出大厅。

"咳，这事闹的，"苏沃林对契诃夫道歉说，"真对不起，我没想到他的见解如此偏激。啊，是这样，今天请您来，一是聚一聚，彼此加深了解，更主要的呢，是邀请您与我们的《新时代》合作，也算是我对你的支持。"

然后，悄声对契诃夫说："当着您的面说个痛快话，请您别介意。您的稿酬从优，每行字 12 戈比，您看……"

契诃夫喜出望外，他当即答应下来。为了表示诚意，把刚刚写好的两篇稿子交给了苏沃林。

苏沃林一看，是短篇小说《噩梦》和一篇《圣彼得堡游记》。

他匆匆看了一遍，叹道："妙极了！这小说斥责了那些厚颜无耻的富人，满怀道义的激情，催人泪下；再看游记，吓，真不愧是风景描写的大师。"

# 一

## 探索与革新

他不甘于对什么都不明白，他认真探索，要探索出一个可以把一切都贯串起来的"中心思想"。

# 第一流作品

回到莫斯科不久，城里流行起异常猖獗的伤寒病，每天都有很多人死去。

契诃夫整个情绪受到很大影响。

"我这该死的肺结核，如再染上此病，那就非得去见上帝了。这对家里是极大的不幸。"他忧心忡忡地对妹妹说。

身为医师，他整天还得忙于诊治病人，累得筋疲力竭，回到家里又很难集中精力写作。

他家的楼上是家餐馆，没日没夜的喧哗声、乐曲声、喊叫声、酒杯的碰撞声，弄得他脑袋昏昏沉沉的。

这天夜里，他平静地坐在一张椅子上，头发显得有些蓬乱，宽阔的前额和瘦削的两颊布满了皱纹，一双清澈深邃的眼睛，透过无腿夹鼻眼镜的镜片，镇静地盯视着昏暗的墙壁。

他想起在圣彼得堡苏沃林家客厅里的种种情景。

米哈依诺斯基的评论，使他更加警戒起来；苏沃林的垂爱，又坚定了他的信心。

写作条件不好也不能停笔，我要对得起读者与关爱我的莱金、苏沃林和格里戈罗维奇！

于是，他便在喧嚣的夜晚，伏在桌子上，两手支着头，苦苦构思，终于有了故事：

彼得堡的一个年老车夫，听说他那个在农村的独生子得伤寒病死了，他十分难过，觉得特别憋闷。但他为了生计所迫，强忍着内心的痛苦，冒雪上街赶车。他辛苦了一天，却连买燕麦喂马的钱也没挣到。老车夫真想找一个人倾诉自己的苦楚，但在光怪陆离的彼得堡，人人都只关心自己的事，没有一个人愿意听，反而骂他啰嗦，催他快赶车。最后，他走进马棚，一边喂瘦弱的母马吃草，一边情不自禁地向马倾吐起满腹苦水来了："打个比方，如果你生了个小马驹儿突然死了……你说，你不痛苦吗？"

这便是被列夫·托尔斯泰推崇为"第一流"作品的《苦恼》。

在《苦恼》中，契洪特轻描淡写地勾画出两个世界、两种生活：有钱人吃喝玩乐，而穷苦人的生活充满了泪水和悲伤，形成鲜明对照。这同样表明着契洪特在思想和艺术上的成熟。

从小说的叙述笔调来说，尽管老车夫的遭遇是令人悲伤的，但《苦恼》却完全摆脱了感伤笔调。

契诃夫这年（1886年）还同样以"契洪特"署名发表了另一篇短篇小说的杰作《万卡》，描写的是鞋铺童工小万卡的痛苦生活。

短篇小说《万卡》的情节十分简单：小万卡向老祖父写信诉苦并把信投进邮筒，"寄交乡下祖父收"。在这个作品中，作家描写了9岁童工的心理状态。

他从两方面着手写：一写万卡对老祖父诉说学徒生活的苦楚。另一方面万卡在给爷爷写信的过程中，多次沉浸于幸福的回忆，也多次返回到冷酷的现实。两方面的描写互相穿插、渗透，给读者留下强烈印象。

契诃夫并不平铺直叙地介绍童年生活，他让万卡回忆和诉苦，把回忆和诉苦巧作剪接和穿插，以达到形象地反映童工生活和表达自己对万卡的同情的目的。

这正好是抒情心理短篇小说的一个重要特点，也是《万卡》区别于短文《关于小店学徒生活的随笔》的最主要之点。

## 通往"普希金奖金"之路

由于契诃夫的作品不断在负有盛名的《新时代》发表，同时在格里戈罗维奇、苏沃林和普列谢耶夫等大师的关注下，契诃夫的名字很快远播四方。

1886年5月，《花絮》杂志编辑部出版了他的第二本小说集《五颜六色的故事》。

1887年和1888年，小说集《在黄昏》、《天真的话》、《短篇小说集》相继问世。

1887年12月5日，契诃夫在莱金的杂志上发表了短篇小说《狮子和太阳》，从此安托沙·契洪特的笔名就在《花絮》的版面上消失了，从而结束了他为《花絮》杂志的撰稿工作。

他给莱金寄去一封彬彬有礼的告别信，以坚定的决心，开始了新的探索。

在他写给著名作家普列谢耶夫的信中非常明确地表达了他当一名作家要遵循的纲领：

我心目中最神圣的东西是人的身体、健康、智慧、才能、灵感、爱情、最最绝对的自由——免于暴力的虚伪的自由，不论这暴力和虚伪用什么方式表现出来。

契诃夫听从格里戈罗维奇的建议，从此不再用"安托沙·契洪特"笔名，正式署上"安东·契诃夫"真实姓名，以全新的面目出现在世人面前。

最先署这一名字的是《好人》、《在途中》。

这两个短篇小说涉及了俄国当时具有迫切性的题

材：知识分子的思想及对社会广泛流传的"托尔斯泰主义"的探索。他已完全摆脱了滑稽和诙谐，契洪特的风格不再出现了。

《好人》初名为《妹妹》。

在小说中，契诃夫同情为"勿抗恶"问题而痛苦思索的妹妹薇拉·谢茜诺芙娜；嘲笑那个草率否定"托尔斯泰主义"的哥哥——文学家符拉基米尔·谢茜诺维奇，心灵空虚的自由主义者、墨守成规的顽固派分子。

可以看出，此时的契诃夫也正在被"托尔斯泰主义"强烈地感动着，也在痛苦的探索之中。

《在途中》在艺术形式上更为成功。

格里戈罗维奇的朋友，著名作家柯罗连柯在《新时代》上发表文章，表示祝贺：

在契诃夫的短篇小说中有一个作品，它的标题好像是《在途中》，很新颖。它讲的是一次在驿站上的相遇。一个不满于生活的年轻妇女同一个到处流浪、饱受折磨，因而也对生活不满的人——美好事物的俄国"探索者"在驿站上相遇。这个典型只是约略勾出，却很生动感人，很酷似我在生活中接触到的出色人物中的一个。

在大师们的鼓舞下，契诃夫更加意识到这一新的探索：开发新题材、坚持抒情心理短篇小说的创作方向。

他对莱金说："以前我不知道他们阅读评论我的文章，我写作时泰然自若，就像吃甜饼一样，现在当我提笔写作时，我感到很害怕。我是一边写，一边在担心，这工作使我神经不安，心情兴奋，精神紧张。"

《新时代》社长苏沃林不仅迅速出版了小说集《在黄昏》，而且热情支持了把此书推荐给国家科学院"普希金奖金"获奖作品的建议。

契诃夫给格里戈罗维奇信中说：

授予奖金这一思想是由波隆斯基提出的。苏沃林赞成这个思想，并把我的书送到了科学院。请您同意我的看法：要不是仗着你们三位，我就看不到这笔奖金，就像我看不见自己的耳朵一样。

1888 年 10 月，俄国国家科学院没有通知作者，就把《在黄昏》直接送去评选。经过权威们鉴定，最后决定颁给安东·巴甫洛维奇·契诃夫普希金奖金 500 卢布。

契诃夫一直盼望得到这一奖赏，但总觉得没有多大把握。

当这意外的喜讯通过邮差传进家里时，他顿时精神振奋，像"一个热恋的男子"一样狂喜不已。

整个家庭都沉浸在胜利的喜悦中：

他的父母竟当着众人的面搂在一起，又蹦又跳，老泪纵横。

母亲嚷着："我早就知道，爱劳动的安托沙早晚会有这一天的！"

他的妹妹玛丽雅比谁都兴奋，她非常热爱一心顾家的三哥，她跑遍大街小巷，把这个消息告诉她"漂亮的"女友们，到处加以宣传。

契诃夫给苏沃林写信说：

我太幸运了，竟至带着猜疑的目光睥睨上天，我想藏到桌子底下去，静悄悄地呆一会儿……我要把500卢布的奖金存起来，留着买一个农庄。

他还给格里戈罗维奇写信表示谢意，说是他给自己带来了好运。

"普希金奖金"公布后，他的亲朋故友纷纷来电、来信表示祝贺，接二连三地被邀请参加各种招待会、宴会和讲演会，他一时间被捧上了九重天！

契诃夫在回答格里戈罗维奇对他的祝贺时谦逊地说："当然，奖金是件大事，而且不是对我一个人来说是这样。我很快乐，因为我为许多人指出了一条通往大杂志的道路，现在呢，我也同样快乐，因为多亏我，那许多人才能指望获得科学院桂冠。过上个五年、十年，我们写的东西全都会被人忘记；不过我铺平的那条路却会完整无恙——这是我惟一的功劳。"

事实上，"普希金奖金"只是契诃夫对俄罗斯文学乃至世界文学所做的巨大贡献的一个外部表现而已，真正的功劳在于他"给平凡的地图立刻着上了颜色"，把小作品"下等人"的题材，提高到宏伟的文学样式的水平，提高到了俄罗斯生活的伟大史诗般的境界。

## 《神经错乱》

为了安心写作，契诃夫又搬了一次家，从莫斯科河畔搬到库德林斯卡娅花园大街一栋住宅里。

这回不是套房，而是一座红砖的二层楼。

契诃夫戏称它为"五斗柜"。

房子的年租金650卢布。钱不够，只好典当了一些高档用品，并向莱金借了一笔债。

住房条件是好了，可二哥尼古拉越来越坏。纵酒过度，放荡不羁，画也不作了，成天和妓女鬼混。契诃夫苦口婆心地劝说，让他成为一个有教养的人，但他却当

SHIJIEMINGRENZHUANJICONGSHU 契诃夫

耳旁风。看到哥哥的堕落，契诃夫很痛心。

紧张的写作、家庭的经济困难、兄长的不争气，严重地损害了他的身体健康，他经常咳嗽、吐血。

怕引起家人的不安，他装着没事的样子。对妹妹玛丽雅嘱咐说："别告诉妈妈，千万不能让妈妈知道这件事。"

恰在这时，新闻界对刚出版的《故事集锦》持否定态度，说那些故事是"精神错乱者的胡言乱语"，是"一个青年天才自杀的悲剧"。并嘲笑说："天才！上帝啊，让作者的灵魂安息吧！"

契诃夫感到这是对自己的极大的毁谤与侮辱。

最使契诃夫感到愤慨的是来自圣彼得堡和莫斯科对他的诽谤！

一些专爱搬弄是非，对他忌恨的人含沙射影地说：

"你们看哪，契诃夫卖身投靠了人人鄙视的败类苏沃林了！"

"还有，听说他答应要娶这个专制政府走狗的女儿为妻呢，而这个女孩子还不满 10 岁。"

"内部消息说他就要当上《新时代》的编委了。"

这种胡说八道的谣言，无中生有的诽谤极大地激怒了契诃夫，他被气得又一次吐血。

他给格里戈罗维奇写信说：

大学生们都在议论我要娶一个百万富翁的女儿为妻的事。造谣者是何等堕落啊！

是的，契诃夫在圣彼得堡受到苏沃林的热情接待，他被邀请与《新时代》合作，并许诺稿酬从优。

通过初次接触，他感觉到苏沃林是一个学识渊博、精力充沛、热情温和、忠实可靠的人。因此答应为其撰稿，彼此很快建立起深厚的友谊。

不久，契诃夫发现苏沃林也和莱金一样，想把自己变成他个人的作家。

他一方面准许自己在报上发表小说，有反对意见也不公开与自己争论，反而对自己作品称赞不已；一方面又支持同事在《新时代》上对自己恶意抨击。

契诃夫心中很不快。

但转念一想，自己决意与《花絮》分手，不再写那些近于调笑的作品，就必须有个新的发表园地。与《新时代》合作，只图在上面发表自己真诚纯洁、服务于进步的作品而已。在哪发表作品都一样，要紧的是作品本身必须实事求是。这怎么算同流合污呢！

曾经听说苏沃林有一段不光彩的历史，甚至称他为"沙皇政府的走狗"、"无耻的叛徒"，但眼下我并不知底细，只是听说，对人总要有个认识过程嘛！至于相处多久，看事态发展才能定啊。

契诃夫与苏沃林常有书信往还，甚至有时一天一封或几封，这有什么，这是他们交流的方式与习惯，用不着谁说三道四。

契诃夫直率地对苏沃林说："我们交往密切，并不是说你比我所熟悉的人都好，而是说，我对你习惯了……"

"难道通封信也该指责吗？也算是卖身投靠吗？"契诃夫愤愤不平。

他在给著名作家普列谢耶夫的信中说：

我痛恨以一切形式出现的虚伪和暴力。……伪善、愚蠢、专横，它们不仅在商人家庭里和监狱里盛行；在科学和文学方面，在青年当中，我也看见它们。我认为那些商标和标签无异于偏见……我的圣中之圣……就是面对强暴与谎言的自由……

就在这个"可怕的时代"及"不堪忍受的生活"重压之下，心灵纯洁、嫉恶如仇的迦尔洵跳楼自杀了。

迦尔洵的惨死更加加深了契诃夫对现实生活的厌恶。

他说："像已故的迦尔洵那样的人，我是以整个心灵热爱的。我对他有好感，要为他写篇东西。"

于是，暴露社会黑暗的短篇小说《神经错乱》问世了。

契诃夫说："这个作品的主人公是一个不平凡的青年，具有迦尔洵那样的气质，为人正直，非常敏感。"

《神经错乱》发表后，引起资产阶级读者和庸俗的小市民知识分子的一片赞美声，并说："看了，使人感到很气闷。"

契诃夫却在这赞美声中感到苦恼。他给苏沃林的信中说：

我为谁，为什么写作？为读者，而这些读者是没有受过教育，教养很差的，而它的优秀分子对我又不友善，不真诚。这个读者是否需要我，我简直摸不清。蒲宁说我是并不需要的，说我写的都是些无聊的东西。科学院给了我奖金，可是它什么也不懂。为了金钱写作吗？可是我从来就没有钱，也由于没有钱的习惯，我把钱看得很淡。为钱写作我是提不起精神来的。为了让别人奉承吗？可是奉承话只能使我恼怒。文学协会、大学生们、叶甫列依诺娃、普列谢耶夫，还有那些姑娘等等，全都对我的《神经错乱》恭维备至，可是只有格里戈罗维奇一个人注意到了那段初雪的描写。诸如此类的事情，说也说不完的。

契诃夫是坚强的。他并不"神经错乱"，也没有跳楼自杀。"不堪忍受的生活"虽然使他感到了"苦闷和忧郁"，使他产生了恨的感情，但并未能把他压垮；名誉和地位也未能把他腐蚀。

契诃夫顽强地探索着人生的目的，思考着自己从事的创作工作的社会意义。

在获得"普希金奖金"变成名人之后，他仍然这样问自己："我干的究竟是正经事呢，还是微末的无聊事？"

认真思索的结果，使他越发清楚地意识到作家肩负的责任重大。

## 首部多幕剧《伊凡诺夫》

1887年4月，他为了缓解内心的郁闷，曾回故乡塔干罗格去看一看，重温早已逝去的童年生活。在一个小客店里巧遇小说家、剧作家谢格洛夫，同他彻夜畅谈"戏剧"，契诃夫创作剧本的愿望又一次被鼓动起来，他决心写一部多幕情节剧。

他把自己关在"五斗柜"里，谢绝一切来访，苦思冥想：要写个什么呢？主人公是怎样一个人呢？又通过怎样的情节表现呢？

在他的脑际浮现出许许多多的内容：对俄国现实感到悲观而萎靡不振，逐渐堕落，最后扑向飞转的旋梯自杀身亡的加尔申；待人宽厚、热情奔放的诗人，因被报刊检查官说成是"红色分子"、"字里行间充满毒汁"而以酗酒作消极抵抗的帕尔明；秉性正直、不堪暴力而跳楼自杀的迦尔洵；缺乏伟大目标、理想和热情，甘愿做《新时代》小记者的大哥亚历山大；不求上进、纵酒过度、放荡不羁、整天与妓女鬼混的二哥尼古拉……

他们都是很有才华的知识分子啊，却为社会所不容，自己又没勇气，到头来闹了个可悲的下场。

对，这个剧就写俄国现实社会中知识分子精神崩溃和消沉堕落的命运，通过它唤起人们对这类人的同情，挽救他们，使他们能发挥自己的才能，去实现自己的理想。

契诃夫在纸上把自己的设想写下来。

"本剧的主人公应该是一个概括性的形象，他既不是我的哪位朋友，也不是我的哥哥，而是一个代表着俄国一整批在现实要求面前破产了的知识分子活动家的典型，"契诃夫这样构思着，"至于姓氏，最好是俄国最普通的。"

"那就定名为伊凡·伊凡诺维奇·伊凡诺夫吧，"可他又仔细一想，似乎太长，"干脆，就叫伊凡诺夫！"

于是把前边划掉，以"伊凡诺夫"作为一号人物。

接着，契诃夫又设计了两个人物：少女萨莎和医生利沃夫。

剧中三个主要人物性格各不相同。

契诃夫列了一个表：

伊凡诺夫——不合时代潮流，悲观厌世；

萨莎——任性，充满幻想，企图牺牲自己的爱去完成一项神圣使命：阻止伊凡诺夫堕落；

利沃夫——为人耿直，坦率，忠实厚道，但思想狭隘。

构思，打腹稿，写好提纲之后，他便开始挥毫下笔。

由于剧中的人物早已烂熟于心，事先的案头工作很精细，因此写起来非常顺畅，仅用了短短20天工夫就写成了！

他的这第一部四幕情节剧《伊凡诺夫》的大略内容是：

一个叫伊凡诺夫的有文化知识的地主，在沙皇亚历山大三世的恐怖政策和衰落的俄国经济情况下，感到自己对事业的理想与现实社会无法统一起来，因而消沉、气馁。

这种情绪像病毒一样折磨着他，使他慢慢地堕落了。他的庄园濒于破产，妻子又身染重病，但他却泰然处之、漠不关心。他乡下邻居的女儿萨莎却爱上了他，并直接了当地向他倾吐爱情。她不顾父母、亲朋和左邻右舍的责难与羞辱，痴心不改，她相信自己能够把伊凡诺夫从极度忧郁的情绪中解救出来。

伊凡诺夫被萨莎的真情所感动，接受了她的爱，并沉湎于儿女之情中。没过多久，他的妻子病逝了，在妻子殡葬后不久，村里传出了这位两鬓斑白的鳏夫与妙龄少女萨莎的婚事。然而，美梦难圆，就在举行婚礼时，医生利沃夫当众责骂伊凡洛夫是是坏蛋，伊凡诺夫当即放弃了同萨莎结婚的念头，开枪自杀。

剧本完稿后，契诃夫又抄了几份，一份寄给苏沃林，一份寄给谢格洛夫。

接着，他便拿着剧本跑到事先约好的莫斯科的科尔什剧院洽谈演出事宜。

到了那里，他用不加润色的平和语调把剧本向演员朗读了一遍。

演员们听了都感到很新奇。

剧院经理当即拍板："我院接受该剧演出！如果轰动，付给你演出收入的8％。"

契诃夫听了很高兴，暗中盘算，如果这样，就能得到6000卢布呢，可极大改变家里生活费用匮乏的紧张局面。

为了保证演出质量，契诃夫率领演员投入紧张的排练。

他耐心细致地向伊凡诺夫扮演者达维多夫讲解人物、分析细节……

离演出的日子逼近了，为了提高票房价值，契诃夫于1887年10月24日给大哥亚历山大·巴甫洛维奇写了一封信，请他在《新时代》上大登广告。

这个时候，剧本在圣彼得堡已经争相传阅，都盼着此剧能在首都演出。

有的人为了先睹为快，便急不可耐地驾车来到莫

斯科。

1887 年 11 月 19 日，署名剧作者契诃夫的《伊凡诺夫》在科尔什剧院首次公演。

这一天，观众像过节一样，涌进剧场来看别开生面的情节剧。

契诃夫与全家人都到场观看演出，既兴奋又担心，这可是契诃夫第一部剧本的演出啊！

帷幕拉开，演出开始。

一幕演完，全场悄默无声。

二幕演完，观众还没反映。

"怎么了？"契诃夫的妹妹玛丽雅有些慌了，握着哥哥的手小声问："是看傻了，还是……"

"嘘——"契诃夫让妹妹只管看下去。

第三幕一演完，全场掌声雷动，并要求剧作者与观众见面。

第四幕临近结束，演到伊凡诺夫开枪自杀时，场内顿时大乱，一部分观众义愤填膺地呼叫着："伊凡诺夫胆小鬼，软骨头！"

"好死不如赖活着，干吗要死啊！"

一部分人则放声大笑，也喊着：

"屠格涅夫的'多余的人'死了！"

"真英雄就要来啦！"

"呜啦!"

场内所有的人都很激动,口哨声伴着掌声、嘲笑声与喝彩声交相鼓噪,有的甚至砸起椅子来,警察不得不出面干涉……

《伊凡诺夫》演出后,街头巷尾都在谈伊凡诺夫、萨莎和利沃夫。

契诃夫在写给俄罗斯的伟大演员、伊凡诺夫的扮演者达维多夫的信中说:

星星之火燃起了熊熊烈焰。从这样一件小事里,不知怎么就引起了这样一场奇怪的、难以理解的大混乱。

令所有的人都很激动的是:

观众看出了剧中主人公是"多余的人"的后代在19世纪80年代的典型形象。

观众在剧本的苦闷情绪中感到了一种昂扬的音调——批判社会的萎靡与软弱,批判那种个人奋斗的英雄,渴望真正英雄的出现。

1889年1月31日,《伊凡诺夫》应邀在圣彼得堡首次演出,引起极大轰动,获得成功。

演出刚一结束,契诃夫来到后台,向担任主角的达维多夫及其他演员们祝贺,又在欢呼声中走到前台向观众致意。

人们把他比做不朽的格里鲍耶陀夫（著名剧作家《聪明误》作者）。

作家列斯科夫看完此剧后在日记中写道：

一出富于智慧的戏剧，一个才华横溢的剧作家。

# 契诃夫

下

张秀章 编著

北方妇女儿童出版社

传记丛书
世界名人

# 契诃夫

北方妇女儿童出版社

张秀章⊙编著

下

# 《草原》

契诃夫是一位真正的艺术革新家!

这时他很想写一些诗情浓郁的作品,在体裁、题材和艺术手法上有更大的革新和创造。于是,他开始运用更加广阔的文学样式——中篇小说进行创作。

契诃夫是在草原上长大的,可是从中学以后,他就离开了草原。

这次(1887年4月)他回到了故乡塔干罗格的顿涅茨,回到了哺育他成长的大自然的怀抱。

那广阔无垠的绿野,那带着花草香气的阵阵薰风,那在空中翱翔的鸟儿,盘旋的苍鹰……无不洋溢着青春的气息,充满着生命的活力!

迷人的草原风光引起他美好的遐想:

童年时代母亲跟他讲述的横跨草原、穿越森林的旅行,去找外祖父的坟墓的情景;暑假里去祖父居住的顿涅茨草原上游玩的见闻;这次重返故乡再次游览草原的感受……

这些,都为他提供了生动具体的素材。

他带着草原的芳馨,一回到莫斯科,就投入了紧张的创作。

不到一个月的时间，他便一挥而就，完成了中篇小说《草原》。

《草原》和他以往通过人物命运来揭示社会的短篇小说有所不同。它几乎没有多少情节，只是通过9岁的小主人公叶戈卢什卡从乡村到城市的旅行展开描写的。

叶戈卢什卡的一位商人叔叔，带着他乘一辆破旧的带篷马车穿越草原，去城里上学，在漫长的旅途中遇到种种波折，构成了以小主人公为中心的一系列故事。

在穿越草原的过程中，小叶戈卢什卡目睹了大自然绚丽多彩的风光，结织了车夫、农民、商人，耳闻了各种奇闻轶事，他时时回忆起祖父、祖母，又时时被眼前的草原景色所迷醉。

草原风光变幻无穷——黎明晨雾飘渺，朝霞辉映；白天皓日当空，晴朗明媚；晚间夜幕笼罩，幽静神秘；狂风呼啸，草木横飞，急雨倾盆，遮天盖地。

……

这一切使叶戈卢什卡觉得是那样的新鲜神奇，他感到草原充满了迷人的青春活力。

草原开始使人觉得是生机勃勃的，美丽动人的，为幸福而冥思苦想的活物，人们似乎听见了它的呼吸的声音，使人觉得这个有生命的形象，跟祖国的形象浑然一体。

在蔚蓝的天空中，在月光之下，在夜鸟的飞翔里，在你看见的听见的一切之中，那辉煌的美丽，青春的气息，旺盛的精力和求生的热望开始透露出来。灵魂响应着美丽而庄严的祖国的呼唤，一心想随同夜鸟在草原上空翱翔。在美的胜利中，在幸福的洋溢中，透露着渴望与苦恼，仿佛草原知道自己的孤独，知道自己的财富和灵感在这世界上白白荒废了，没有人用歌曲赞颂它，也没有人需要它。在欢乐的喧闹中，人们听见草原悲凉的、绝望的呼唤声：歌手啊！歌手啊！

草原充满诗意的景致与童话般富于变幻的生活场景的描绘，表明作家不仅对生活诗意具有敏锐的感受力，而且对祖国未来命运充满了自信心。另一方面，那酷暑下沉闷的草原，无疑又成了令人窒息的俄国社会生活的象征。

《草原》刚一完稿，契诃夫便立刻寄给大型刊物《北方通讯》文学部主任、诗人普列谢耶夫，请他坦率地不客气地发表意见。

五天之后，契诃夫接到了诗人写来的信，信中对《草原》赞不绝口：

我如饥似渴地读完你的中篇小说。一开卷阅读，我就爱不释手了，柯罗连柯的看法也和我一样。作品真是妙笔生花，诗意盎然！这是一部扣人心弦的作品，多么无与伦比的风景描写，多么生动可爱的人物形象……说不定《草原》会打开我们同代人的眼睛，让他们看见有什么样的财富，什么样的美的宝藏，始终还没人碰过，因而对俄罗斯作家说来路子是不窄的。我预言，你极有前途，非常光明的前途。

《草原》于 1888 年《北方通讯》的三月号上发表。

一经问世，立即引起读者及评论界轰动。赞美之词铺天盖地：

谢德林："充分表现出契诃夫式的抒情散文的巨大潜力，揭开了他的新的艺术视野。"

奥斯特洛夫斯基："情景交融，堪称杰作！"

托尔斯泰："他的才能比莫泊桑更精深。"

高尔基："非凡的文学天才！"

蒲宁："他新发现的草原，是足以同俄罗斯艺术的杰出成就相媲美的，他与果戈理、托尔斯泰可以相提并论。"

加尔申在各个沙龙朗读《草原》，并宣称："一位第一流的作家在俄罗斯出现了！……就像破了一个脓包，令人感到舒服。"

……

《北方通讯》编辑部付给契诃夫 1000 卢布稿酬，这使他大吃一惊。

刚刚 28 岁，已是第一流作家的契诃夫，自发表《草原》之后，更加引起了俄罗斯那些优秀人物的注意。

# 走向成功

"······我已经进过监狱，库页岛就是这样的监狱；我已经上过天堂，锡兰就是这样的地方。"

# 去库页岛

1889年3月，在外游荡的二哥尼古拉患了伤寒，被人送回家，不久，又发现得了肺结核。

契诃夫竭尽全力地护理他，伤寒倒是好了，可肺结核渐趋恶化。

作为懂医的契诃夫考虑到二哥的身体过度虚弱，光靠药物疗效是不大的，必须休息疗养。

于是，他在乌克兰苏梅附近的朴岗尔河畔卢卡村租下了一栋别墅。这里风光秀丽，气候宜人，方便舒适。

4月底，一家人把尼古拉送到卢卡村。

起初，画家尼古拉被"乌克兰风景画"似的大自然所吸引，一时心情快活，好像没了病痛。可不久，病情又一天天恶化了，体温不断升高，尼古拉精神萎靡下来，等待死神的降临。

契诃夫日夜守在病榻旁，看到二哥得的是与自己同样的病，说不上哪一天自己也会……他不敢想下去，咯血的经历（从1883年起到现在已反复咯血11次）已经给他发出了警报。

他对女友莉卡说："我不十分健康，我几乎连续不断地咳嗽。毫无疑问，我像失去你一样，失去了健康。"

长时间的护理，使他的思想陷入极大的痛楚与焦灼之中，而且体力不支，精疲力竭。

尼古拉于 6 月 23 日凌晨 3 点去世。

尼古拉的死极大地震动了契诃夫，但在全家人一片嚎啕时，他并没有哭，他把悲痛埋在了心里。

才华出众的哥哥猝死，促使契诃夫严肃回顾自己的生活道路，认真思索人生的意义。他思考了许多。

他思考的主要问题是如何看待自己的过去，如何走未来的路：

我写完了好几普特重的纸张，得到过科学院的奖金，过着波将金公爵过的那种生活，但没有写过一行在我看来是真正具有文学意义的东西……我真想在什么地方去躲上 5 年，强迫自己做点细微艰苦的工作，……我应当认真地写作，不是每个月写 5 个印张，而是每 5 个月写一个印张……到 1 月份，我就 30 岁了，再见，我昔日的寂寞，再见，我亲爱的无意义的生活。

一天，他来到幼弟米舍尔学校的宿舍，见幼弟正在准备法律科的国家考试，便默不作声地躺在床上翻阅讲义。

他读完了刑法讲义后对米舍尔说："我们对罪犯的

全部注意只集中在作出判决以前那一时间上，一旦把罪犯遣送去服了劳役，大家也就把他忘记了。至于在服苦役的地方又会怎么样呢？这是可想而知的了！"

从弟弟宿舍里出来，他径直跑到市图书馆，在那里借阅了大量书报杂志，从中得知：

"库页岛是一个不堪忍受的痛苦的地方！"

"在那儿的监狱里瘐死（古代指犯人在监狱中因饥寒而死。后来也泛指在监狱里病死——笔者注）了千百万人！"

啊？如此黑暗与残酷！

他猛然想到了柯罗连柯的人品和创作：

1881 年民意党人刺杀了亚历山大二世之后，柯罗连柯拒绝向新登皇位的亚历山大三世宣誓表决心，因而被流放到西伯利亚的雅库茨克。四年多的流放生活既磨炼了他的意志，又丰富了他的阅历。他的作品把读者带进了监狱，带到流放地，带向西伯利亚的丛林和亚库梯人的帐幕。柯罗连柯告诉读者许多十分"现实"的事情和景象，这都是那些呆在书房、编辑部和别墅里的文学家们见所未见、闻所未闻的！

这一切都使契诃夫为之折服。

柯罗连柯在西伯利亚流放的年代里所获得的体验，促使契诃夫勇敢地迈进了他从前完全不了解的生活领域，多侧面地去体验现实生活。

契诃夫决心要到沙皇俄国罪恶最集中的库页岛去。

为了避免反动当局的干涉，契诃夫不得不把此行的真正目的隐蔽起来。

一天，他突然迅速不安地整理起行装来。

"妈妈，我打算上库页岛去。"

"什么？库页岛？你是当真呢，还是在开玩笑？"妈妈一时弄不明白。

"是真的，昨天我听人朗诵《致西伯利亚囚徒》，觉得作为新一代俄罗斯作家，应该去，而且已有人去了，我有责任去了解流放在那里的犯人的苦难。"

"可那里不通火车呀！听说从这儿到库页岛需要花上50天左右时光，单是骑马就得骑四千多里呢，"妹妹玛丽雅惊恐地说，"而且你的病体……"

"没什么的！"契诃夫忙打断妹妹的话，怕她说漏了嘴，把自己咯血的事说出来。

"是啊，这可不是闹着玩的，"妈妈阻拦说，"旅途不仅极其遥远、艰苦，而且充满了各种危险。泥泞、洪水、风暴、传染病……"

"别说了，亲爱的妈妈和妹妹，我的决心已下。"契诃夫坚定地说。

1890年3月5日，契诃夫以谐谑的口气告诉女友莉卡说:"我自己叫自己出差,是自费。"

这是套用柯罗连柯的一句话而说的,因为柯罗连柯在谈到自己被沙皇政府流放西伯利亚时曾幽默地说过:"我被送到民间去,是公费。"

1890 年 4 月 21 日,契诃夫不顾亲友的阻拦,在风雨潇潇,伸手不见五指的漆黑夜晚,从莫斯科启程前去库页岛。

## 苦难历程

契诃夫从莫斯科先到喀山,再坐轮船沿卡马河到达彼尔姆,然后乘一段火车到秋明,又坐船到贝加尔湖,接着交替着乘四轮马车或船,直达太平洋,总共行程 1 万俄里,其中 4000 俄里是乘乡间破车在狭窄或高低不平的泥路上颠簸。

虽然已是春天了,可还是非常寒冷,这是契诃夫事先没想到的。

乘船从卡马河到彼尔姆,正赶上天上阴云密布,淫雨霏霏,阵阵寒风吹进船舱,躲也没处躲,直凉得浑身瑟瑟发抖。在风雨飘摇的船中,他倍感无聊与烦恼。

整个舱内，黑洞洞的，没人说笑，毫无生气，只听得一股股寒风的呼啸声。

去托木斯克途中，契诃夫蜷缩在四轮带篷的马车里。说是有篷，可一点儿也不管用，寒风像刀子一样直往脸和脖子上刺，像猫咬的一样难受。尽管穿着皮袄，可还是冻得直打哆嗦。

天总算暖和起来了，可大开化的冰雪把路面弄得泥泞不堪。人"不像是乘车行走，倒像是驾船荡漾。"车子左摇右晃，颠来荡去，弄得脑袋昏沉沉的。叮叮当当的车铃声单调而枯燥，使人厌烦腻味。

在这沼泽地一样的泥泞路上一走就是半个来月，弄得契诃夫腰酸背痛，全身像散了架子似的，不堪忍受。下车吧，又没处站，没处躺，腰还直不起来，真是要多难受有多难受。

驶进西伯利亚大平原，下起瓢泼大雨。整个额尔齐斯河泛滥成灾。

淹没了草原，毁坏了道路。狂风暴雨，酷寒异常。

"喂，车老板，怎么老在这打磨磨呀？"

满身泥水的车夫用手搭个雨篷，隔着雨帘四下望了望："呀，迷路了！"

越着急，越找不着方向，"对了，在那溪边有座木桥，桥桩或许能指个路儿。"

可车赶到那，木桥早被冲毁。

没法儿，契诃夫只好跳下车，在雨水里帮助车老板把一匹一匹马解开，卸下箱子，牵着马深一脚浅一脚地蹚过小河。

平原上经常是雾气蒙蒙，天昏地暗。

一天早晨，在一条狭窄路段，车子跟迎面驶来的邮车队相撞，车子被撞翻，契诃夫被甩出车外摔倒在地。

车夫吓坏了，忙把他扶起来。

"哈，一点伤也没有，你看。"契诃夫拍拍自己的胸和腿给车夫和围上来的邮政车队人看。

大家都笑了，他成了个泥人。

车摔坏了，邮政车队的人和车夫一起修车。

契诃夫拖着冻僵的双腿在寒风中站了一两个小时，等修好车赶到驿站时，他已累得顾不了满身泥浆和饥肠辘辘，一头倒到破床垫上，睡着了。

西伯利亚的春天来得晚，走得急，转眼已是炎炎的夏日。

契诃夫在乘车前往伊尔库茨克途中，穿行在无边无际的茂密的泰加森林时，沿途闷热难当。带着怪味的尘土直往嘴里、眼里、鼻子里、脖领里和衣服口袋里钻，

跟咸涩的汗水搅和在一起，使人口干舌燥，眼睛张不开，浑身皮肤紧巴巴，特别难受。

1890 年 6 月 5 日，契诃夫从伊尔库茨克写信给大哥亚历山大说：

> 我在同泛滥的河川作斗争，在同寒冷、泥泞、饥饿和瞌睡作斗争。要是生活在莫斯科，即使花上 100 万卢布也体验不到这种滋味……总的说来，我是满意的，我不懊悔这次出门远行。

在旅途中，不但要冒着生命危险乘船渡过汹涌泛滥的西伯利亚大河，还要防备毒蛇猛兽和强盗的袭击。

他在给妹妹的信中讲了这样的情况：

> 我们遇见了背着锅的流浪汉，他们毫无阻拦地在西伯利亚大道上游荡，一会儿杀死一个可怜的老太婆，扒下她的裙子当袜子，一会儿拔下路碑的铁牌去卖钱，一会儿又敲破路上碰见的乞丐的脑袋。

契诃夫对这些厄运都泰然处之。

路上的食宿更是苦不堪言。

在鞑靼人村子里，主人用传统菜"鸭汤"当作美食献给远方来客契诃夫，只见碗里漂着野鸭块和洋葱做成的糊糊，非常难闻，但他也只好喝下去。

在饭馆里，契诃夫让老板做一碗肉汤，煎几条鲈鱼。端上来的汤，里面放了几块硬得像鞋底似的东西，权当肉块，而且咸得要命；鲈鱼则连鳞也未去掉。至于当地的茶和茶砖，那味道就像是用鼠尾草和蟑螂泡出来的，那颜色也不是茶的颜色，而像是从床垫里挤出来的污水色。

他常常被安排住在谷仓和马棚里，吃的是荞麦糊，喝的是劣质伏特加。臭虫、蟑螂到处爬，咬得浑身是疙瘩，奇痒无比，实在不能入睡，他就把上衣翻面铺在地上，把折好的大衣放在枕头下，穿着长裤和西服背心躺下睡觉。这样还是不行，干脆就坐起来，像往常一样，给《新时代》写旅途见闻，或给亲人写信。

啊，文明，你在哪里？

从贝加尔湖出发经过半个多月的水上航程，于7月9日驶入鞑靼海峡，库页岛依稀可见了。

库页岛（又名萨哈林岛）。位于远东黑龙江口，岛上一个小镇，名叫亚历山德罗夫斯克，是岛上的行政首府和监狱中心。这里只有3000居民，有5个教养院。道路阴暗狭窄，早晚传来苦役犯脚镣的叮当声。

他在岛上生活了三个月，访问了数千名犯人和移民，为数万名流放犯做了卡片登记，写了许多笔记和日记。一桩桩骇人听闻的事件惨不忍睹：

苦役犯们被用绳索或铁链拴在拖车上，被强制干最艰苦的活，肚皮贴在地面上在煤矿的坑道里挖煤……

最为残忍的还是肉刑。一次，契诃夫被允许观看鞭打犯人的场面。

首先由医生对犯人作能否忍受新规定的 90 皮鞭的检测，然后，执行者的帮手慢条斯理地把犯人绑在拷架上。

刽子手侧身站着，每一鞭都抽在犯人身上。每抽 5 下，就换个方向，给犯人以半分钟的喘息。抽打了五六下之后，犯人的后背就出现鞭痕，跟着发红变紫了，在一次次皮鞭打击之下，皮开肉绽。犯人一边呻吟，一边喊着："尊贵的老爷！尊贵的老爷！可怜可怜吧，尊贵的老爷！"受刑人的脖子奇怪地伸长了，发出一种呕吐的声音。他不再说话，只是吼着，喘着。

打完 90 鞭之后，他们给犯人解开手脚，扶他站起来，被抽打的地方，由于淤血和出血而变成暗紫色。嘴里发出嗑嗑声，脸色蜡黄，大汗淋漓，双眼乱转，当给他水喝时，他慌忙地啃着茶杯……往他头上浇一勺水，就带走了。

　　这种可怖的肉刑，对儿童身心的摧残都强烈地震撼着作家的心弦，激起了他无比的义愤。

　　考察完毕，契诃夫乘船绕道去印度、新加坡、锡兰等许多国家。在中国海他所乘的"彼得堡"号客轮遭到强大的风暴袭击，船体失去控制，吱嘎作响，逐浪漂荡。船长劝契诃夫把手枪带在身边，一旦翻船，就开枪自杀，免得掉入海中被鲨鱼吞噬。

　　风暴被战胜后，契诃夫和许多人兴奋得跳到海水里游泳，他还捉到一条大鲛鱼，给乘客们美餐一顿。

　　1890 年 12 月 1 日，轮船经海道抵达敖德萨，契诃夫忙给家里拍了电报，连夜登上北行的火车。

　　12 月 18 日，终于回到了莫斯科。

　　这时，他家已从库德林斯卡娅大街搬到马拉亚——德米特罗夫卡大街。

　　契诃夫对前来欢迎自己的亲友们谈库页岛之行观感时，深情地说：

　　"我感到极其满足，既充实又陶醉，我现在什么也不再想，也不觉得有什么遗憾……我已经进过地狱，库页岛就是这样的地狱；我已经上过天堂，锡兰就是这样的地方。"

## 梅里霍沃庄园

1891 年 5 月 2 日，契诃夫随苏沃林一家在国外度完了一个半月的旅游生活后，回到了莫斯科。

这一年，契诃夫的家庭有了一些变化，弟弟伊万在教育界混得不错；米舍尔当上了六级文职公务员，这哥俩都能自食其力了；只有大哥亚历山大又添了一个小孩，一个劲地哭穷，需要接济；父亲早已失业在家，也需要补贴。因此家里费用并不宽松。加上，契诃夫周游欧洲，花销很大，欠了朋友不少钱。为了解决卢布问题，还得靠笔杆子。一周头三天写关于库页岛的文章。另外三天继续写小说，星期天作为机动，写些散文、书信之类。

每天早晨四五点钟起床，喝点自己煮的咖啡，他便开始写作。11 点蹓跶蹓跶，或者到小树林采点蘑菇。1点吃午饭。饭后睡一小会儿午觉，然后又开始写作，直到夜幕降临。晚上就轻松地与家人和客人共进晚餐。餐后，大家聚在大厅里，按照俄罗斯方式，海阔天空地神聊。

契诃夫家永远是门庭若市，歌声、琴声不断。他还养了一只可爱的小獴，孩子们逗着玩，可这小家伙乱窜乱咬，把家具都啃坏了。

秋天来临，契诃夫的肺结核病更重了，加上对自己和自己的作品不满意，他的情绪又伤感起来。

"我老是觉得我的裤子裁得不合体，写的东西不对头，给病人开的药方不对症，这可能是一种精神病吧，"他对苏沃林说，"如果我是医生，就必须有病人和医院。如果我是作家，就必须生活在人们中间，而不是在马拉亚——德米特罗夫卡大街与一只獴生活在一起。我需要过点儿社会生活和政治生活，哪怕是一星半点儿也罢，而现在这种闭门不出，与大自然隔绝，离群索居，体弱多病，不思饮食的生活简直不是生活。"

他决定到乡下去！

最终，在离莫斯科 80 俄里的郊区找到了一座已空了很久的庄园。因它位于梅里霍沃村，因此人们叫它"梅里霍沃庄园"。

它占地 213 俄顷，有一半地覆盖着稀稀拉拉的树木，另一半是荒芜的牧场、果园，还有一条小得不能再小的小河，以及两个水塘。住宅却较新，三扇窗户对着草场，室内很明亮。

契诃夫对环境、住宅很满意。可是售价高达 1.5 万卢布！一个耍笔杆子的，哪有那么多钱？最后，还是苏沃林帮助他解决了这个难题。他预支了 4000 卢布，其余部分以抵押贷款方式支付。

1892 年 3 月 4 日，庄园还覆盖着白雪，正是春寒料峭时，一家人高高兴兴地搬进了新居。

全家人一齐动手，扎篱笆、平土地、粉刷房间……经过半个多月的修缮，一个荒芜的小领主庄园焕然一新，成为一个优雅洁净、处处充满生机的"契诃夫庄园"。

契诃夫又买来一些鸡、鸭、鹅饲养，还买来一条牛犊。他感到非常满足，在信中对苏沃林说：

我太高兴了，因为我再也无需在莫斯科住公寓了！我一辈子从来没有感到这么方便……坐在有三扇大窗户的工作间里，我感到心旷神怡。

契诃夫和他的全家，在这座别致的小庄园里，愉快地度过了 6 年。

作家的妹妹玛丽雅·契诃娃是中学教师、画家，是一位精明、庄重而又美丽的姑娘。她非常爱自己的哥哥，在她洁白朴素的房间里，一直悬挂着契诃夫的大幅照片，哥哥的形象在她的心目中占据着最重要的地位。为了哥哥及其文学事业，她拒绝了所有求婚者，终生未嫁。这一时期，由她照管庄园的一切。她成了契诃夫一家的"灵魂"。

她除了精心侍弄哥哥爱的花卉、树木、菜园以外，每天还要热情接待来自各方面的客人、患者。她尽量设法减轻哥哥的负担，让他集中精力工作。

搬到梅里霍沃不久，人们知道契诃夫是一位医生后，每天都有一些农民和拖儿带女的农妇从方圆几十俄里的地方赶来找他治病。

契诃夫在搬到这里来的时候，就带了一车药物和医疗器材，完全可以开一个诊所。

每天上午接待病人，有条不紊，每一个病人填一张病卡，他亲切和蔼地为他们诊断，并给他们提供药品。给他付钱的人很少，几乎全是免费治疗和赠送药品。

天没亮，面黄肌瘦、衣衫褴褛的病人就在他的院子里排起长队了。

半夜有人喊他，他立即披衣就诊或出诊。

他为病人做手术，总是妹妹玛丽雅担当助手，打针、喂药、扎绷带。

在梅里霍沃的头一年，经他诊治的患者就达八百余人。

在梅里霍沃时期，他被选为地方议会的议员。他用自己多年积累的钱办了三所学校，并修筑了公路，扩建了地方医院。他帮助故乡塔干罗格扩建了图书馆，赠送了大批的书籍。

他心里老惦记着库页岛监狱那些可怜的孩子，为此他忍着病痛和疲劳，去参加各种招待会、晚宴，为失去教育的孩子们制造舆论，募捐图书。尽管支持者不多，但他还是收集到两千多册，装箱寄给太平洋苦难之岛的孩子们，也算了却了一桩心愿。

还是来梅里霍沃的头一年，他主动奔赴灾情严重的省份，广泛地组织募捐运动，为饥饿的农民筹办免费食堂，为农民春耕买马匹。

同年，他还出色地领导了扑灭霍乱病的斗争。

这一时期，契诃夫很少去莫斯科和彼得堡了，整个生活都在乡村里度过，除了给农民、工人治病外，还经常到附近村子里、工厂里闲逛，找人交谈，问这问那，嘘寒问暖。农民们很喜欢他。农民们有什么疾苦、烦恼都爱找他倾诉。

大量的社会工作，虽然用去了作家许多宝贵时光和精力，但也正是这一时期，他进入了文学创作的全盛时期。

正是从梅里霍沃黑暗、混乱、毫无出路的农村生活中获得素材和灵感，他创作了《农民》、《新别墅》、《在峡谷里》和《出诊》。

特别是在社会活动最紧张的 1892 年，他根据库页岛的印象，创作了杰出的中篇小说《第六病室》。

## 托尔斯泰主义的破产

从库页岛回来后，契诃夫的脑子里总出现一种幻景，好像整个俄罗斯是一个令人恐怖的监狱，人们生活在围着栅栏、安着岗哨的四堵墙内。

想起在岛上目睹野蛮、痛苦和灾难的种种情状，他对以往信奉的托尔斯泰哲学及其不抵抗主义更加怀疑。

契诃夫说："托尔斯泰的哲学曾对我产生强烈的影响，它曾支配我达六七年之久，现在我内心里有些东西对此提出异议。"

托尔斯泰的对恶不抵抗，想用"自由平等"的小农社会代替沙皇制度的空想哲学，是改变不了残酷的现实的。

亲身体验过苦难的契诃夫的世界观明显地转变了，他决定与"托尔斯泰"主义一刀两断！

这天，他偎坐在梅里霍沃庄园一个废弃的木板房里的草堆上冥思苦想。

由黑暗、潮湿、破旧的板房，联想到自己在库页岛上的见闻，又想到了俄罗斯杰出现实主义画家列宾的那幅深刻揭示俄国社会黑暗和人民生活极端痛苦的名画《伏尔加河上的纤夫》，他突然产生灵感：

就写一座监狱！转念一想，怕不行，书报检查官通不过的，哎，写精神病院，总还可以罢，库页岛上的犯人不都像精神病人吗！这恐怕也太明显了，还是写个"病室"吧。

在这部作品里，既要否定苦行僧式的禁欲主义及看破红尘的悲观主义，也可批评逆来顺受的不抵抗主义；同时还要控诉沙皇专制制度的野蛮和残暴。

好，小说的名字就叫《第六病室》！

契诃夫想好后，立刻从草堆上一跃而起，奔向自己的写作间。

几天后，一部力作完成了。

《第六病室》描写一个发生在外省小城医院里的故事。

这所医院里的第六病室是专住"精神病患者"的。病室阴暗潮湿，臭气冲天，拥挤混乱，看门人像狱吏一样肆意殴打病人，克扣病人的食物。"患者"到了这里不是得到治疗，而是遭到非人的虐待。

医生拉京曾经对这种状况不满，但他信奉托尔斯泰"不以暴力抗恶"的理论，一点也不进行斗争，只是采取不闻不问的态度。

一次，他值班巡视病室，结识了因反抗专制压迫而被关进来的"病人"格罗莫夫，两人谈得很投机。

此后不久，拉京也被诬告为"精神病人"关进了第六病室，照例遭到看门人的毒打。这时拉京才醒悟过来，认识到"不抗恶"是错误的，但是为时已晚。他被打后，第二天就死了。

小说成功的描写，使人看到那间专横野蛮、阴森恐怖的第六病室活像一座牢狱，仿佛是专制俄国的缩影。

这部小说是一部思想性和艺术性完美结合的作品。它比以往任何作品都更为深刻地揭露了沙皇俄国的黑暗反动。

小说主人公格罗莫夫不是一个寻常的"精神病人"，人们认为他疯，只因为他老是说有人要逮捕他，而这种心理状态却是反动当局日夜滥捕人所造成的，是社会逼出来的。

实际上他是一个清醒的人，不但感到社会像是"野兽一般"，而且能在与拉京的争论中历数"不用暴力抗恶"的谬误："我们关在铁格子里面，长期幽禁，受尽折磨；可是这很好，很合理，因为病室跟温暖舒适的书房根本没什么区别。好方便的哲学：不用做事，良心却清清白白，而且觉得自己是大圣大贤。"

格罗莫夫接着痛斥道："不行！先生，这不是哲学，不是思想，也不是眼界开阔，而是懒惰，浑浑噩噩的麻木。"

作品写这样一个很有思想的人竟遭到如此迫害，更显出了统治阶级的残酷。

医生拉京是个软弱的知识分子。他能看清社会的黑暗和不公正，但没有勇气起来斗争，只能逃避现实，苟且偷安，甚至还宣传说："痛苦是一种生动的观念，运用意志力量改变这个观念，丢掉它，不诉苦，痛苦就会消灭。"

可是现实是无情的，反动势力的迫害终于落到他的头上。他的死已宣告了托尔斯泰主义的破产。

小说的描写使人触目惊心，发人深思，激励着人们起来和反动势力作斗争。

1892 年冬，《第六病室》在《俄罗斯思想》杂志上发表后，立即轰动了整个俄国。

列宁的姐姐在回忆录中写道：

记得我和沃洛佳谈起那年冬天杂志上发表的契诃夫的新的中篇小说《第六病室》，一般说来，沃洛佳是喜欢契诃夫的，他谈到这篇小说的才华，读到作品给他留下的强烈印象，并且用下面一段话作了很好的概括："昨天晚上，我读完这篇小说后，觉得可怕极了。我觉得自己好像被关在第六病室里一样，我在房间里呆不住，站起来，跑到院子里。"

青年时代列宁的感受证明，《第六病室》起了动员反对沙皇专制统治的作用。

《第六病室》确实是才从人间"地狱"库页岛回来不久的契诃夫对现实生活所作的一种思索，思索的结果就是他在《第六病室》中"描绘了一个大库页岛——沙皇俄国"，就是他对"勿以暴力抗恶"学说的否定。

契诃夫的思索，也促进了更多的读者去思索。

## 《海鸥》情节的由来

契诃夫在梅里霍沃期间，每年夏天都有许多来客。这当中不仅有著名作家、出版商、学者和远亲近邻，也有冒认自己就是契诃夫某篇作品主角而引以为幸的庸人。春秋两季人少一点儿时，他才有闲在自家园里种树、栽花……这时，他很喜欢带着两条名叫"白龙"和"黑狼"的小狗走一走。朋友们把这两条小狗儿戏称是他的两位"副官"。

契诃夫的创作，随着他眼界的扩大和对俄罗斯现实生活日益深刻的理解，要求有容量更大的文学体裁相适应。这样，他在继续短篇小说创作的同时，又进入了大型的戏剧创作。

他早期创作的《蠢货》、《求婚》、《结婚》、《纪念日》等剧本，大多富有喜剧性情节，都是在日常生活中提炼出来的，用以嘲笑小市民的庸俗和地主的卑劣。当然是有才华的，有意义的，但其艺术成就不如散文。

1895 年年底，他继《伊凡诺夫》多幕剧创作之后，完成了经典剧本《海鸥》的创作。从这一部剧作开始，契诃夫才成为公认的天才剧作家。

《海鸥》是他所有作品中最有个性的一部。

这是一部关于爱情、艺术、伟业的剧本。剧中叙述了深藏在作家内心的思想：艺术家的艰难道路、艺术才能的本质、什么是人的幸福等等。

剧本情节简单，是契诃夫的一贯风格。

在一个美丽的、迷人的湖畔，住着一位美丽可爱的少女尼娜·扎列奇娜娅。她对荣誉、对戏剧充满着梦想。她与邻庄一位初出茅庐的年轻作家康斯坦丁·特里勃列夫相爱。

特里勃列夫也有许多梦想——既梦想获得荣誉，又梦想新的艺术形式，还梦想……

他写了一个别出心裁、古怪的剧本，并把它上演给亲友们看，"舞台布景"也是独创的，从搭在花园里的舞台望去，是一片天然的湖色。

尼娜扮演这部戏中的主角："世界的灵魂"。

特里勃列夫的母亲阿尔卡基娜是个喜欢发号施令的任性的女人，一个被名声宠坏了的女演员，她嫉妒别人成功，嘲笑儿子写的剧本。自尊心很强的特里勃列夫下令闭幕。演出夭折了，剧本失败了。

庄园里来了一个著名作家特利戈林。他一来就迷上了性情爽朗又易于冲动的尼娜。成名欲望强烈的尼娜想借名家帮助，在艺术生涯中青云直上，而堕入情网。她早先与特里勃列夫的柔情蜜意只当是"青春时期的一场"轻柔易碎的幻梦""她觉得与特利戈林的爱才是真正的唯一的爱。

尼娜不顾家人劝告，脱离家庭关系，毅然跟随特利戈林跑到莫斯科。然而他们的爱情以悲剧告终，特利戈林玩腻了她，又跑回昔日的恋人阿尔卡季娜那去了。

尼娜后来生了特利戈林的孩子，不久孩子就死了。

特里勃列夫同尼娜决裂之后，曾试图自杀，他的生活被毁坏了。虽然后来他仍继续写作，而且他的短篇小说甚至刊登在首都的杂志上，颇受读者欢迎，但他的生活是凄凉的——他无力克制自己对尼娜的爱。

尼娜在幻想与现实矛盾中，经过痛苦的煎熬，不仅

契诃夫

承受住了精神上的巨大创伤，而且终于成了一个外省的女演员。

在长期飘泊之后，她又回来看望自己的故乡。她同特里勃列夫见了面。特里勃列夫心中一度燃起了旧梦重温的希望。但尼娜依旧爱恋着特利戈林，"甚至比以前更强烈"。

剧本以特里勃列夫的自杀结束。他的生命像他的戏一样，中途夭折了。

通过尼娜痛苦曲折的生活道路和特里勃列夫的自杀，表现了艺术家只有摒弃个人荣誉的追求，同一切黑暗、庸俗的社会努力作斗争，才能在艺术和事业上获得成功的主题。

契诃夫说他的《海鸥》中有"五普特（俄重量单位：1 普特等于 16.98 公斤——笔者注）爱情"。剧中之所以有那么多不幸的爱情生活描写，这与作家本人在梅里霍沃的爱情生活有密切关系。

契诃夫住在梅里霍沃庄园里时，有一个准备当歌剧演员的年轻姑娘——莉卡·米季诺娃是他家的常客。

她是作家妹妹玛丽雅的密友，又是勒热夫中学的同事，刚刚执教的俄语教师，年方 19 岁。

她是一位异常美丽的姑娘，真像俄罗斯童话里的

"天鹅公主"。她有一头麻色的卷发，在一双黑黑的眉毛下面有一对美妙的淡灰色的眼睛，她具有一种少有的温柔和无法形容的优美，再加上她毫不作态，朴素大方，更使她特别迷人。

她擅长音乐，热爱戏剧，是契诃夫全家的"宠儿"，更使契诃夫情迷神往。契诃夫以自己的才华，端正的相貌和温柔的微笑征服了她。他们之间的关系很快发展到爱情的边缘。

但契诃夫没有跨出这决定性的一步。他总是用一种嘲弄、玩笑的口吻来掩饰他们的关系，而莉卡也善于捕捉这样的口吻。

在他们彼此的通信中，两个人不断地开玩笑。他们两个都强烈地感受到彼此倾慕着。但是当一谈到关键问题时，契诃夫立刻像他的短篇小说《在熟人家里》中的男主角一样，"照例把一切当做玩笑似的闹了过去"。他两次拒绝了莉卡结婚的要求。

契诃夫虽然对莉卡产生了真挚的爱情，但他又怕结婚影响自己的文学事业。他说："我不想结婚，我想当一名坐在漂亮的工作间里，置身于一张大写字台前的小老头。"因此拒绝对方。但是他又出于对少女的责任感，用开玩笑的办法，帮助她"冲淡了"对自己的感情。

莉卡只好投入新的迷恋。作家波达边柯是一位出色的小提琴家，经常来到梅里霍沃做客。他们举行了二重奏，莉卡唱歌，波达边柯伴奏。美妙的音乐，动情的诗篇弥漫着梅里霍沃，也弥漫着它的湖水和花园。

莉卡爱上了波达边柯，也许是"由于痛苦"，她给契诃夫的信里写道："而我……终于爱上了波达边柯。有什么办法呢，小爸爸？您反正总会避开我，把我推给别人的。"

就在《海鸥》写作前一年，已婚的波达边柯遗弃了莉卡。同年，她的孩子也死了。

契诃夫把自己的感受写进了《海鸥》男主人公特利戈林的形象之中；而女主人公尼娜的形象在某种程度上则反映了莉卡的遭遇。

波达边柯的妻子和剧中的阿尔卡基娜的性格非常相似。而波达边柯与莉卡的爱情故事也与特利戈林和尼娜的故事相仿。一个梦想着舞台的年轻姑娘，爱上了一个已婚的作家，这个作家，既无力拒绝姑娘的爱情，又不能给他真正的爱——这就是《海鸥》从梅里霍沃的悲剧中借来的基本情节。

但是，契诃夫兄弟都认为男主人公特利戈林的模特儿是莉卡追求的另一个画家列维坦。原因是，列维坦有一次开枪自杀，侥幸未死。家人不愿把这事声扬出去，便请契诃夫医治。契诃夫到后，恰巧列维坦夫人提着一

只死海鸥走了进来，在这里，契诃夫获得了创作《海鸥》的灵感。

# 死而复活

1896 年 10 月 17 日，是一个"黑色的星期天"！契诃夫的经典剧作《海鸥》在彼得堡的亚历山大剧院首次公演时，竟出乎意外地遭到了惨败。整个剧场里充满了敌意，可怕的嘘声、口哨声、斥责声混成一片，好像空气都窒息了。

从包厢传出男中音的呼喊声："列夫凯伊娃夫人，我们要列夫凯伊娃夫人！"

从后面普通座位上传来一片尖叫：

"不看这个，没意思，看不懂！"

"来个逗乐的！"

"你们骗人，这不是喜剧！"

面对这种场面，契诃夫感到震惊。他脸色苍白，神情沮丧地从边幕跑到化装室，手扶着椅背不住地咳嗽起来。

张皇失措的演员，出出进进。

嘴里嘟囔着："砸锅了！砸锅了！"

"呀，咋办哪？我忘词了。"

有个演员被吓得怯了场，满脸冒着虚汗。

有的甚至慌乱得找不到自己的演出服。

从剧场里传来的喧闹声、叫骂声、怒吼声，一浪高过一浪。

舞台监督跑到后台问导演叶·卡尔波夫和剧院经理如何收场。

这二人面面相觑，无奈地望着颓坐在椅子上的契诃夫。

契诃夫气愤地望着他们，嘴唇哆嗦着，喃喃道："还能怎么样，只好演下去了。"

接着，他把正要上场的扮演尼娜的著名演员微拉·科米萨尔热夫斯卡娅叫到跟前："亲爱的微拉，希望寄托于你了，你会演好的，一定要把握性格，不要干干巴巴地念台词，注意和观众交流，让他们理解我们的《海鸥》。时间到了，上场吧，放松，再放松。"说完，把她推上场。

接下来是演员在混乱中忘记了如何扮演自己的角色，只是稀里糊涂地往下演，演出效果一幕比一幕糟，微拉也没有演好。

契诃夫焦躁不安地等待终场，可演出还没结束，他便像炸弹一样，飞出剧院。在夜幕下的彼得堡街上踱来踱去，之后找个咖啡店匆匆给另位导演丹琴科写了一封信，信中说：

演出遭到了惨败，如果我能活到700岁，再也不给剧院写剧本了，不再！在这方面，我只会遭到失败……

他把信投入邮筒后，便乘次日早班火车离开彼得堡，径直回到梅里霍沃去了。

第二天，彼得堡包括《新时代》在内的各家报纸竞相报道。

说什么剧中人物是淫荡的结合体，不是一只海鸥，而只是一只"野味"，是荒诞的胡说八道，是对活人的诽谤，说契诃夫"高傲自大"，公开表现出对观众的侮辱等等。

最后断言："契诃夫的《海鸥》死了！"

当天，契诃夫就得知评论界对《海鸥》大加挞伐的消息。

他在10月18日致苏沃林的信中写道：

我一辈子也忘不了昨晚的公演……我永世也不再写剧本，不要把我的剧本拿去公演了……虽然，我过去写的大部分作品都遭到同样的命运，每一次我都不在乎。10月17日遭到失败的不是我的剧本，而是我本人。从

第一幕演出开始，我就被这样一个事实惊呆了。那些直到 10 月 17 日我还像朋友那样向他们敞开心扉的人，那些曾与我愉快地共进晚餐的人，以及那些我曾极力为之辩护的人，都作出了令人无法理解的反应……现在我心里平静下来了，情绪也稳定了，但是我不会忘记所发生的事，也不会忘记那些伤害过我的人。

这封信是针对一些表面为朋友，暗中是敌人的苏沃林之流而写的。

《海鸥》在彼得堡首次公演失败的原因是，剧院对这个"新型的戏剧艺术"，并没有完全理解。所有演员都没有真正领会该剧独特的艺术及其巨大的革新意义，因此在表演时妄加修改。同时庸俗的观众在舞台上寻求的并非艺术，而是讨人喜欢的台柱子女演员列夫凯伊娃夫人和刺激人心、轻松逗乐的场面。可是首演时，这个台柱子女演员恰恰没有上场，这一切都破坏了演出效果。

《海鸥》首演失败极大地损害了契诃夫的健康，他又吐了大量的血，住了半年医院也不见好转。医生禁止他住在北方。

1898 年 9 月 18 日，他迁居到南方克里米亚半岛上的疗养地雅尔达。

刚住下没多久，新创立的莫斯科艺术剧院的领导人丹琴科，要求契诃夫准许他在剧院上演《海鸥》。

契诃夫没有同意，他说，他再也不能忍受那使他受到很多痛苦的在剧场里的心情了。

如果你不答应的话，就请你杀死我吧，因为《海鸥》是唯一的一部现代题材的吸引住我这个导演的戏剧。

丹琴科写信给契诃夫坚定地说。

1898 年 12 月在莫斯科艺术剧院第一次上演契诃夫的《海鸥》。

开幕了，戏剧演出了。

扮演特里戈林的演员兼导演康·谢·史坦尼斯拉夫斯基这样描写了当时的情景：

第一幕演出时，每个人身上都散发出镇静剂的气味，但仍未使心里平静。我很害怕地坐在黑暗当中，在尼娜说那一段独白时，我背对观众，两条腿不住地神经质地抖动。

看来，我们失败了。在死一般的寂静中闭了幕。演员们都惊骇地拥挤在一起，仔细听着观众的谈论。

死一般的寂静。

布景工人们也把脑袋从后台探出来，仔细听观众的意见。

一片沉默。

有人哭起来。克妮佩尔压制着神经质的抽咽，我们一声不响地往后台走去。

但是，就在这个时候，观众像山洪爆发一般，汇成一片疯狂的欢呼声与掌声。我们赶紧把幕放下来。

我们那时都在台上侧着身子对观众站着，我们的脸色都很恐怖，谁也没想到对观众行礼。我们当中甚至还有人坐着不动。虽然我们都没有了解所发生的事情。

猛然，大家醒悟起来，在台上大家流着热泪，互相拥抱、接吻，旁观的也不例外，许多人，包括我在内，都高兴、激动得狂跳起来。

观众在长时间的狂喜中不断呼喊着："作者——契诃夫！作者——契诃夫！……"

他们要求作者与观众见面，当大家得知契诃夫不在剧场时，纷纷要求向雅尔达发贺电！

契诃夫看到贺电非常激动，但是心里却引起了一阵忧愁的委屈情绪。因为他多么想和剧院一起在莫斯科参加演出啊。

契诃夫不顾病痛离开雅尔达直奔莫斯科。

契诃夫的到来引起一片欢腾。剧院特意非正式地为他上演了一场《海鸥》。

演出结束，契诃夫登上舞台，赠送给丹琴科一个椭圆形镜框的画像，上面刻着这样的字：

你使我的《海鸥》复活了。谢谢你！

接着，他眼含热泪向所有演职员致意："谢谢你们切合剧本的原意，理解了剧中人物的形象，恰当地表达了主题。多亏你们的天才演技使'被射杀的海鸥'重又展翅腾飞。谢谢！"

## 《万尼亚舅舅》的反响

其实，《海鸥》在彼得堡首次演出失败后的第四天，即1896年10月21日，第二次演出时，就已获得了很大成功。

当天夜里，《海鸥》演出散场后，扮演尼娜的微拉·科米萨尔热夫斯卡娅立即写了一封信给契诃夫。

她想用信来安慰和鼓励由于演出失败和"朋友们"的幸灾乐祸而极度伤心的作者。信中写道：

刚从剧院回来。安东·巴甫洛维奇，亲爱的，我们的《海鸥》胜利了！大获全胜，全场一致喝彩，该成功的总归要成功的！我多么希望现在就能看见您啊！尤其希望您刚才就在这儿，能听到这全场一致的喊声："作者！"

　　您的，不，咱们的《海鸥》仍然活着，它虽然痛苦，但它有强烈的信心，所以它必将使许多人有信心的。要想到自己的天职，不要害怕人生。握手！

　　微拉的信，好似一针强心剂。刚刚吐过血，被诊断为大面积肺结核的他，一下又振作起来。他忘了"永世不再写剧本"的誓言，又拿起笔写了一部多幕喜剧《万尼亚舅舅》。

　　这个剧本描写了万尼亚舅舅和他的外甥女索妮亚一辈子在乡下勤奋劳动，并把所有的钱寄到城里索妮亚的父亲谢列勃略柯夫教授那里，让他安心撰写科学著作。可是谢列勃略柯夫原来是一个华而不实的庸才，一个卑鄙无耻的骗子。

　　剧本有力地批判了因失掉理想而消沉的知识分子；揭露并鞭挞了伪学者欺世盗名的行径。这是很有现实意义的。

　　剧本在莫斯科艺术剧院公演获得很大成功！

《万尼亚舅舅》的成功演出，引起强烈反响：人民从剧中看到可怕的时代就要毁灭与崩溃，于无声处听到了惊雷。而敌人在剧中感到了革命前期动乱的气息和反抗的情绪；感觉到了剧本是在摸索出路，否定腐朽的旧制度，号召人们改变现实。他们感到极度的恐惧与不安。

沙皇大官僚、莫斯科皇家剧院总监铁墨亚柯夫斯基在日记中写道：

到艺术剧院看了契诃夫的剧本《万尼亚舅舅》的演出，对于剧本总的印象是极端沉重的，使我不由自主地产生了这样一个疑问：为什么要上演这样的剧本？从它可以得出什么样的最后结论？

观众静静地坐在那里，屏气凝神地仔细地听着，都在等待着将要发生的事件。在第三幕里，感觉到一种强烈的紧张气氛，舞台上发出了两声枪响……

出现这样的剧本，在剧院说来，是重大的罪恶！即使这样的剧本还可以写，但绝不要在我们这个本来已经神经过敏的没有根基的时代上演吧……

采用这样的剧本，剧院不但不能教育观众，而且还会毒害观众，因为这会在大量急需解决的问题上又加上新的问题……剧院怎么能在这样的时代研究这样的问题呢?

现在的社会由于缺乏宗教、不尊重义务和私有财产，在一些最简单的问题上，也不知道怎么办、怎么处理了，对于这些问题，我们的父母是有现成答案的，这是教育他们准备的答案，即便这些答案是愚蠢的，但它们毕竟是确定不移的，老成持重的……由于有这些现成的答案，过去的人是安详的，有一种绝不困惑的意志！而现在这一代，正是由于缺乏这种意志力量而受累不浅，他们拼命去辨识生活中数不清的观念和法制，既伤害自己的头脑，也伤害自己的身心健康……

这个沙皇的大官僚叫人们老老实实地守着"父母"定下的规矩，去"为生活而生活"，他害怕探索真理，害怕人们起来反抗沙皇的腐朽制度。他想用乌鸦的翅膀遮住太阳。

契诃夫新型的、独特的戏剧像一枚炸弹，震惊了俄罗斯。

## 决　　裂

契诃夫越来越发现与自己友谊日深的苏沃林原来是个说谎能手，十足的两面派人物。

憎恶谎言——各种各样的谎言，是安东·巴甫洛维奇·契诃夫整个精神面貌里最具有代表性的特征之一。

他在自己的"札记"里写道：

谁说假话，谁就肮脏。

粘虫吃青草，锈吃铁，谎言吃灵魂。

苏沃林是一个自学成才的有才华的时评家、小说家和戏剧作家，狡诈的沙皇宫廷显贵。

他原来生活并不富裕，是农民的儿子，在博布罗夫县城一所学校任地理教员，只挣 14 卢布 67 戈比的微薄工资。

后来，他开始在报刊上发表自己的短篇小说和随笔，想当名作家，于是和妻子从家乡迁往莫斯科，住在离城 10 俄里的一栋木屋里。

他求人帮忙，进了《现代人》报社，任个小编辑。从此经常写些充满自由主义色彩的专栏文章，署名"无名卒"。

《怎么办》的作者、被誉为"文学上的普罗米修斯"的车尔尼雪夫斯基曾亲自接见过他；《战争与和平》、《安娜·卡列尼娜》的作者列夫·托尔斯泰授意他写一些贫苦农民生活的报道，并亲自送给他稿酬。

由于名人的提携，名声大振，他的讽刺小品很受欢迎。这是他引以为荣的起点。

然而，后半生他把这光荣出卖和玷污了。

他想得到更多的金钱、荣誉和权利，便卖身投靠了沙皇政府。

1876 年，他以极低廉的价格买下了首都的小报《新时代》，从此就恬不知耻地摆出一副现存秩序的维护者的姿态。

他这种一百八十度的大转弯，使他受到知识界的鄙视，但却得到政府当局"慈父般的"保护。

几年下来，《新时代》成了俄国最大的报纸，影响越来越大。

他靠报纸发了横财，办了自己的出版社。并经沙皇政府特批，经营全俄铁路沿线的报刊书亭，成了腰缠万贯的富翁。

著名作家萨尔蒂科夫——谢德林曾说"《新时代》适应卑鄙、下流"，并给《新时代》起了个诨名，叫做"有何吩咐？"

苏沃林的金钱和权势是以背叛内心深处的感情为代价而换取的。

他在《新时代》上宣传专制主义的好处，为沙皇政府效劳，但在自己的日记中却谴责专制主义的残暴和愚蠢。

随着时间的推移，契诃夫逐渐看清楚了苏沃林的本质，看清了他是个什么人。

他认为苏沃林是不道德的，不诚实的，不正直的。

当他弟弟米舍尔毕业后想去《新时代》工作时，他写信劝阻，说：

《新时代》里只是一些善于保养、心宽体胖的富人。苏沃林说谎，说谎透顶了……

契诃夫有很长一段时间和苏沃林保持着私人朋友关系。

他与《新时代》合作，在杂志上发表作品的原因，最初是由于自己的非政治倾向和一种幼稚的错误的见解，认为"在哪儿发表作品都一样，要紧的是，作品本身必须是实事求是的"。

后来，他深刻地认识到了这种观点的错误。

但即使在他们保持朋友关系时，契诃夫也经常与苏沃林争论。

他们之间的关系有一种非常独特的性质：在一些个别的问题上，他们的见解往往是一致的，可是在一些原则的大问题上，他们几乎永远意见分歧。

围绕法国作家保罗·布尔瑞的反动长篇小说《学生》（另译为《信徒》）的争论又激烈展开了。

苏沃林对此书大加赞赏，并向契诃夫推荐说："这是一本纯艺术唯美作品，让人安居乐业。"

契诃夫听了很反感。他在这部小说中看到的是一种狂妄地反对唯物主义的态度；一种丑恶的僧侣式的对于无神论和无神论者的咒骂；一种对进步文化科学知识的否定。

从库页岛回来后，契诃夫深切地感到他与苏沃林之间已存在着一道很深的鸿沟，彼此的意见分歧越来越大。他开始意识到为《新时代》撰稿带给他的只是祸害。

1893 年契诃夫与《新时代》断绝关系。但他与苏沃林还继续通信，维系着往日的友谊。

接下来出现的几件事，使他们的友谊彻底破裂。

对法国发生的德雷福斯案件的态度，两人截然不同。

契诃夫无比敬佩左拉的正义与勇敢。

苏沃林却在自己的报纸上恶意诋毁左拉与德雷福斯。

德雷福斯案件过去不久，契诃夫想把自己的文学创作整理一下，向苏沃林提出出版文集的要求，苏沃林答应了，可在操作时却拖拖拉拉，很不顺利。契诃夫感到失望，开玩笑地说："如此速度，到 1948 年也出不齐。"

这时著名出版商马克斯乘隙而入，表示愿意买下契诃夫全部著作的出版权，并以最快的速度出版，同时立刻付给一笔优厚的信息费。契诃夫的家此时正需要钱，于是以 7.5 万卢布与马克斯成交。

契诃夫此举对苏沃林打击很大。

1899 年 4 月，在彼得堡发生大学生罢课事件。

契诃夫一方面不直接介入大学生的抗议运动，一方面又在通信和谈话中，公开抨击政府的野蛮镇压。

苏沃林却在他的报纸上亲自撰写了两篇文章谴责罢课学生。

契诃夫写信批评说：

对一个严重的问题轻率地发表意见，为政府侵犯人权充当辩护士……，一旦人们失去了自由发表意见的权利，他们就会以愤怒而激烈的方式表达自己的主张，而在政府看来，他们采取的这种方式是大逆不道的，不能容忍的，而你恰恰是站在政府一边。

几周之后，有人指控苏沃林接受了政府一万卢布的赏赐和法国参谋部的资助。

契诃夫对苏沃林的批评切中要害，表明了他鲜明的政治态度，自然使苏沃林大失所望，伤透了心。

他们两人从此彻底决裂。

# 『温暖的西伯利亚』

那些灯火跟天上的星星混成一片，叫人分不清哪个是灯火，哪个是星星。

# "小白楼"的吸引

1898 年 10 月,契诃夫的父亲去世,他极度悲痛之余,想起在梅里霍沃的母亲和妹妹,"他们该多么孤寂呀,而自己身患不治之症,需要长期在南方。这两头操心也不是长久之计啊!"

于是,他写信,让母亲把梅里霍沃庄园全部家产卖掉,来雅尔达重建一个新家。

其实,契诃夫并不喜欢雅尔达,不是不喜欢这里的自然风光,而是不喜欢这里的资产阶级庸俗气息及远离现实生活、与世隔绝的环境。他多么眷恋曾经给他希望、成功、荣誉的莫斯科呀,更何况那里有新兴、独特的戏剧运动。

但有什么办法呢,该死的病魔逼着他只能做出这样的选择。

"从此,就在'温暖的西伯利亚'过流放生活了。"他曾这样说。

在母亲和妹妹到来之前,他在离雅尔达约二十分钟路程,面对大海的库楚克依村买了一座"小白楼"。

这楼房不知是谁造的,可它算是雅尔达最别致的建筑物了,通体爽朗、纯洁、轻巧、匀称,并不是按照什么一定的建筑格式造出来的。

门前是一片空旷的草坪，楼角有不大的花园与果园。

最满意的还是楼内的书房。它的面积并不大，12步长、6步宽。走进门来，对面是一个四方的大窗子，配着黄色的玻璃，门左面靠窗摆着一个写字台，后面是一个小套间，房顶开个小天窗，照进阳光来。门右边，安着一个棕色的荷兰砖的壁炉。炉顶上立着契诃夫朋友列维坦画的一幅可爱的风景画：傍晚的田野，远处有干草堆。

再往里走，在墙角有个门，门里是契诃夫单人卧室，房间很明亮，四壁糊着暗金色的壁纸，靠近写字台挂着一个印刷的招贴："请勿吸烟"。一进门，往右看，便是装满书的书架。墙上挂着托尔斯泰、格里戈罗维奇、屠格涅夫的像和许多作家、演员的照片。

窗子两边挂着两个沉甸甸的深色窗帘。

从窗子望出去，可以看见一个空旷的马蹄铁形的洼地，一直伸展到海边，海本身给四周的房屋围起来，左边、右边、后边升起一带山脉，画成个半圆。到了傍晚，雅尔达四周的山地上点起灯火，那些灯火与天上的星星混成一片，叫人分不清哪是灯火，哪是星星……

新的家安顿好了，可母亲和妹妹还没有来，不免有种孤寂感。

然而没多久，由于契诃夫闻名遐迩，他的"小白楼"成了热闹的"海洋"，来访者从四面八方接踵而至。

形形色色的人都到这儿来，学者啦，作家啦，地方议会工作人员啦，医生啦，军官啦，画家啦，男性和女性的崇拜者啦，教授啦，演员啦——上帝才知道还有些什么人。

他们有请他出主意找住处的，有请他看原稿提意见的，还有乞丐（有真的，也有冒充的）来要钱的……契诃夫从没拒绝过，他对穷人的慷慨乐施，远远超过了他那微薄的收入所允许的程度。

对来访的青年作家，契诃夫永远心怀同情而态度和蔼。从他家里出来时，谁也不会感到他巨大才能的压迫和自己的渺小。他从来不对人说："照我这样做，看我是怎么做的。"

有人绝望地向他诉苦："我的作品老也上不去，得到的只是'我们有前途的青年作家'的鼓励，还值得再写下去吗？"

他安详而严肃地答道："可是，我的好朋友，并不是每个人都能像托尔斯泰那样写作呀。"

一天，有位青年作家到雅尔达来，在临街的一个旅店里，跟一大家子吵闹的希腊人住在一起，自己占一个小小的房间。他来访时对契诃夫诉说在那种环境里，他没法写作。契诃夫就坚决要这个作家上午到他家里来，在饭厅隔壁的那个房间里写作。

"你在楼下写，我在楼上写，"他现出可爱的笑容，说，"你跟我一块吃午饭。你写完了，就念给我听，或者要是你走了，就把校样寄来。"

……

人们从各社会阶层、各阵营、各行业上他这儿来，尽管川流不息的客人会使人厌烦，可是契诃夫却觉得会客也自有他的好处。凡是在一定的时间，在俄罗斯所发生的种种事情，他可以得到第一手的材料。

当然，不是所有的客人都顾到契诃夫的时间与身体状况，其中有些人是十分无情的，表现得非常庸俗和粗鄙。

在一个无风的夏天的早晨，契诃夫正在书房里构思一部小说，上午是他最好的工作时间，只有中午和午后客人才开始填满这座小白楼。

忽然，仿佛从天上掉下来的一样，一个胖胖的先生来了，他送进名片来，要求跟契诃夫见面，契诃夫接待了他。

胖先生走进来，报了姓名，说他是建筑师，然后没理会那张"请勿吸烟"的招贴，也没有请求许可，就点上一支臭烘烘的里加牌的大雪茄。向主人笨嘴笨舌地奉承一番以后，便开始讲他到这儿来有什么事。

　　原来是这么一回事：这位建筑师的小儿子，一个三年级小学生，有一天在街上奔跑——这个孩子有个特别的习惯，一面跑，一面顺手摸他所可以摸到的东西——电线杆啦、邮筒啦、围墙啦。后来，他竟把手伸进铁蒺藜网里去了，因此擦伤了他的手心。

　　"我所尊敬的安东·巴甫洛维奇，现在您听明白了，"建筑师讲完他的故事后说，"我很希望您把这件事写成一封信，寄到报馆里去，幸好我的孩子考里亚只擦破了皮，这不过是他的运气好罢了。他说不定会割裂一根动脉管——那会闹出什么结果来呀？"

　　"对了，这也真是讨厌的事，"契诃夫回答，"可是，不幸，我没法为您效劳。我不会写信给报社，我从来没写过，我只写小说。"

　　"那就更好，那就更好啦！把它写成一篇小说好了，"建筑师高兴地说，"把那块地方的地主全名写出来，你甚至也可以写上我的名字呢，我绝不反对……不过呢，如果您不写我的全名，只写第一个字母，那就更好了。现在俄罗斯只剩下两位纯正的作家啰，您和 P

161

先生。"

这位委屈的建筑师讲不完那些叫人厌烦的胡说，直到抽完那根雪茄才告辞。书房里的窗子开了很久也没散尽那烟气。

等他终于告辞后，契诃夫十分气恼地走到花园去，他的脸上现出了红斑。他转过身来，声音发颤地责备刚来不久的妹妹玛丽雅和一个坐在凳子上的朋友：

"难道你们不能保护我，赶走那个人吗？你们原可以进来说，要我到什么地方去就行了。他折磨得我好苦哟！"

还有位很自信的将军上他这儿来对他表白作为读者的景仰。大概为了要使契诃夫高兴吧，他劈开腿，把两个拳头放在腿上，开始诋毁一个负有盛名的青年作家，这时契诃夫立刻拉下脸子，坐在那儿始终用眼睛瞧着地下，冷冷淡淡，一句话也没说。只有他向那个介绍将军上这儿来的朋友投过去的目光，才透露了他的痛苦。他从来憎恶背地讲别人的坏话。

对于称赞他的话，他也一样的害臊。他会跑到他的套间去，躺在长条椅上，他的眼皮颤抖着，慢慢落下来，再也睁不开了，他的脸一动不动，而且阴沉沉的。

# 非常的会面

亲爱的阿列克塞·马克西莫维奇·高尔基，请您快来雅尔达库楚克依村吧，去年年底我买了一所两层的白石头小楼房，挺别致呢，他们都直呼"小白楼"，也有的称它为"白色别墅"。我老早就想见您了，趁您被"特别监视"的地点离这儿不太远，又是春暖花开的时候，来吧！我诚心诚意地欢迎您。

高尔基接到契诃夫的邀请信，非常高兴。他们是去年建立起通信关系的。

去年 1898 年，是高尔基一生中具有重要意义的一年。5 月，他的《特写与短篇小说集》第一卷、第二卷出版。

然而，这两卷集子出版是颇费周折的。因为出版界以苏沃林为代表的守旧派，一直把青年作家高尔基视为"叛徒"加以攻击和诽谤，予以排斥。幸亏是两位富有革命思想的社会活动家陀罗瓦托夫斯基和恰鲁希尼科夫，独具慧眼，认识到高尔基作品的重大意义，承担了出版任务。

高尔基小说集的出版发行，引起评论界广泛强烈的反响，一时间，高尔基那些暴露沙皇政府罪恶，歌颂革命英雄伟业的小说以及高尔基非凡的阅历，成为文学家和广大读者的舆论中心。在人民群众中，连高尔基的服装——一件俄罗斯式的宽大外套，一双长统皮靴，也成了盛行一时的装束。

这样一来，引起沙皇俄国宪警加倍注意，动用大批特务审查高尔基近年的行迹。在一份秘密报告上说："此人属极端可疑分子，读书甚多，文笔颇健，几乎走遍全俄。"

这年5月11日，高尔基被捕。

他的被捕，在彼得堡文化界里引起极大骚动，而宪警的审讯又得不出任何可以定案的现行罪证，只好对他实行"特别监视"加以释放。

被"特别监视"的高尔基回到故乡后，打算利用冬天从事一项巨大的创作工作，因此，他想得到老一辈文学家的指教。11月间，他把两卷小说集附一封信寄给了契诃夫。信上真诚地请求契诃夫对他的创作不吝指教。

12月3日，契诃夫给高尔基写了回信。在信中，首先肯定高尔基的创作是"一种真正、伟大的天才"，判定"这是真正的艺术"，并预言："你会成为一个伟大的作家，只要你不厌倦、不灰心和不贪懒。"然后幽默地形象地提出了具体的意见。

契诃夫的回信对高尔基是一种极大的鼓励。高尔基早就想见见这位良师益友了，这回正好因为肺结核病加重，得到宪警机关批准，来到雅尔达附近的加斯普拉疗养。他接到契诃夫的邀请信后欣喜异常，决定立即前去拜望这位尚未谋面的师友。

1899 年 3 月 28 日上午 9 时许，高尔基满怀喜悦地来到了"小白楼"。

进了栅栏门，就见一位身着白衬衣的人独自蹲在楼角花园里不知在干什么。

"啊——他就是啦。"高尔基暗中猜测。

他悄悄地溜进花园里，躲在一旁，好奇地看着。

只见契诃夫正仔细地用硫磺涂一支花的花茎，又顺手拔掉花圃的杂草，扶了扶一棵被风吹歪的幼苗，然后拍拍手上的尘土，挂着双膝，很费劲儿地站起来，还用拳头下意识地捶捶腰。

就在这时，两个人相见了。

"嚯！来了，高尔基，"契诃夫欣喜地叫着，把两只沾有尘土的手举了举，示意太脏不能握，"走，到那边坐。"

契诃夫推开另一个棚门，来到果园，在门旁水池子里把手洗了。两人亲热地相扶，来到果园中央，这里有秋千和木凳。

高尔基惊喜道："啊，原来《万尼亚舅舅》的舞台道具在这哪！"

"是啊，是啊，"契诃夫指了指，"这两样东西我特别喜欢。朋友，来坐。"

两人一起坐在秋千旁边的长凳上。

这时，一只跛腿的仙鹤，不知从哪儿来到园内。看上去，它是只傲慢的鸟，对来客带搭不理的。

可它与契诃夫却有很好的交情。它探着长腿来到木凳旁，用尖嘴叼了契诃夫肩头一下。契诃夫连忙举起双手，装作投降的样子，从凳上站起来，围着凳子跑。那仙鹤便在后面追，滑稽地蹦蹦跳跳，扑着张开的翅膀，表演起很有特色的"仙鹤舞"，引起契诃夫不住地笑，高尔基也被逗得连笑带咳嗽。

"哈，它这是跳迎宾舞呢！"契诃夫止不住地说，"别开生面的欢迎会。"说着，也咳了起来。

"不行，我得坐下歇歇，"他把仙鹤哄走，气喘吁吁地坐在凳子上，冲着还在咳嗽的高尔基笑道，"咳，真是无独有偶哇，咱俩是一对痨病腔子。"

"可不是，"高尔基说，"我得的是与您一样的病，命运也差不多。听说您小时没有童年，我呢，到处流浪，尝尽了人间苦，我这'高尔基'笔名，原意就是'苦命'的意思。就是因为长期贫困，煎熬，再加上过度劳累，我不仅有肺痨，还患上肋膜炎。另外在创作上，我俩也相近，你关注'小人物'，我写的也是'底层'；我先后两次被捕进牢房，你自愿到库页岛监狱里受罪，这方面的体验，也是相通的。"

"是啊，但也有不同，我只为穷人诉苦，打抱不平，对富人的罪恶也仅仅是暴露而已。你则不然，你能给人指出明确的道路，能从社会上、政治上考察问题。"

"这也许是时代的作用，"高尔基诚恳地说，"你所处的是让人喘不过气的 80 年代；我呢，随着觉醒的工人，看到 90 年代革命的曙光。但眼下的时代又逼着我们非重视社会与政治问题不可了……"

"这就是我非要与你会面的原因！"契诃夫说，"你的《鹰之歌》看了令人鼓舞，是英雄的赞歌，战斗的誓言；而我的《海鸥》却是死亡的悲剧与挽歌。惭愧！"

"这样说不对，"高尔基激动地说，"我说过，《海鸥》的内容是庞大的、象征性的，形式是独特的、优美绝伦的！"

两人正谈着，忽然传来死命的嚎叫，一条用三条腿跑的狗冲进了园子，在契诃夫脚边趴下。

"怎么回事？"契诃夫问跟着跑进来的佣人。

"它跑到大街上，让马车压伤了一条腿。"

契诃夫连忙伏下身察看，只见这只狗的一条后腿皮肉绽开，露出骨头，血还正在流着。

契诃夫马上用热水和升汞洗它的伤口，还在伤口上洒了些药，扎了一条绷带。

那好看的大手指头多么熟练，多么温柔，多么小心地碰着狗的碎裂的皮肤，他带着多么和蔼的责备语气安慰那条嗥叫的狗啊："你这蠢材，蠢材……你是怎么搞的……别叫了……你不久就会好起来……小蠢材……"

看了听了这一切，高尔基再也忍受不住，忙掏出手帕擦了擦溢出的眼泪。心里说："多么善良的好人哪！"

包扎停当，契诃夫把狗交与佣人，然后对高尔基说："今天早上来了一位教师，是一位病人，结了婚，你能不能给他点帮助？我已经把他安顿好了。"接着，他热心地说："假如我有很多钱，我要在这儿给那些生病的乡村小学教员修建一所疗养院。你知道，我要造一所敞亮的房屋，要十分敞亮，有大的窗子和高高的天花板。我要办一个出色的图书馆，还要

购买各种乐器，弄一个养蜂场，一个菜园，一个果园。还可以在那儿举行关于农学、气象学等等的讲演。一个乡村小学教员应该什么都知道，老朋友，什么都知道！"

他忽然住了口，咳嗽起来，从侧面看了高尔基一眼，露出了动人的微笑。

高尔基在契诃夫家住了一个星期，然后恋恋不舍地回到加斯普拉别墅。

他在给妻子的信中写道：

他善良、温厚、和蔼可亲，人们狂热地爱上他，使他不得安宁，没有什么比同他交谈更愉快了……我还没有见过像他那样对劳动的意义理解得那么深刻和全面，把它视为文明基础的人。这表现在家庭日常琐事中，表现在物品的选择中，表现在素材的珍藏中……他喜欢修建花园，培植花圃，美化土地，他感到了劳动的诗意。他怀着令人感动的心情观察他栽在园里的果树，欣赏他培植的灌木。

# 雅尔达戏剧节

尽管南方的太阳和海洋，使得契诃夫觉着新鲜有趣，络绎不绝的来访使小白楼热闹非凡，但他仍然感到寂寞，常常想起莫斯科。

在莫斯科，生活是充实的，有精神的。契诃夫热爱生活。他更思念往日的朋友，北方的雪景，还有那把他的戏剧演得空前成功的莫斯科艺术剧院。

可是他的病逼得他留在"温暖的西伯利亚"，按照医生的规定生活，永远记着自己不再是医生，而是病人。他带着极大的耐性和勇气忍受着这种病。他的家人从来没听见他抱怨过。

这几天，他成天价坐在椅子上，闭着眼睛。

"你不大舒服吗，安托沙？"他母亲问。

"我？不，我挺好，我有一点儿头痛……"

很快，莫斯科艺术剧院得知契诃夫的情况，决定去雅尔达举办戏剧节，以宽解他的苦闷和抑郁的心情。

"女士们，先生们，"斯坦尼斯拉夫斯基拍着手掌，招呼正在排戏的演员们，"契诃夫病得很厉害，不能到我们这儿来，而我们身强体壮，可以到他那儿去。是的，如果穆罕默德不到山前来，山就到穆罕默德跟前去！"

整个排练厅一片欢乐声。

"对，我们去朝拜穆罕默德——契诃夫去！"

"那好，大家赶快回去准备！"斯坦尼斯拉夫斯基发出命令。

"导演，带家眷可以吗?"有人喊道。

又引起一片笑。

"我看这样吧，"斯坦尼斯拉夫斯基说，"既然有的家眷有那份心，我看可以。只是不强求，能去的尽量去吧。"

1900 年 4 月 9 日，莫斯科艺术剧院全体演职员，带着家眷，带着四个剧目的布景和道具，浩浩荡荡地赶往雅尔达。

"京都大剧团来演出啦！"

莫斯科剧院来演出的消息在雅尔达的大街小巷传开了，整个城市就像迎接盛大节日一样，沸腾起来。

剧团先是搭乘到塞瓦斯托波尔的火车，然后换乘轮船去雅尔达。

在将近码头时，忽然变了天，天昏地暗，狂风呼啸，漫天卷起小雨夹雪。

大多数演员没有带雨具，担心上不了岸。

轮船刚抵达，码头上已挤满了前来欢迎的人们，他们不顾恶劣的天气，抑制不住激动的心情，热烈地欢呼着：

"欢迎！欢迎！"

"欢迎！欢迎！"

鼓乐队的《迎宾曲》响彻天空。

不少人冲上扶梯向演职员们献花，为他们打伞，与他们拥抱。

船上、船下，整个码头，都沉浸在欢乐之中。

小说家亚历山大·库普林此时正在契诃夫家做客，由于主人不舒服，他赶到码头，代表契诃夫把剧团全体人员接到靠近海边的玛丽诺旅馆。

第二天，在奥特卡大剧院以契诃夫的名义为剧团举行了招待会。

当契诃夫、库普林与专程来雅尔达欢迎剧团的作家高尔基、伊凡·蒲宁、拉什马尼诺夫出现时，全体演职员一片欢呼。

大家发现他们的契诃夫个子显得更高了，身材更瘦了，头发乱蓬蓬的，一团胡须都已灰白，腰也微微弯曲，戴着一副眼镜也没能遮掩他那疲倦的眼神与憔悴的面容。

一望便知，剧作家病得不轻。

为了使他安宁，大家立刻静下来，坐在椅子上。

契诃夫的密友艺术剧院的天才女演员克妮碧尔和玛丽雅跑前跑后忙着招呼客人，契诃夫强打精神，满脸微笑着，不停地走来走去，对每一位客人都讲一两句令人愉快的话。看得出，他的心情是很快乐的。

当晚，在契诃夫的小白楼里举行了盛大的宴会。

所有的演员和作家在开席前参观了果园、花园和书房。

在看果园时，契诃夫显得异常快乐，他对大家眨着眼瞧着果园，说："瞧，这儿每棵树都是我栽的，当然我喜欢它们。可是这是小事，在我来这儿以前，这地方是一片荒地和水沟，布满石头和蓟草。后来我来了，把这荒野变成了一块栽花种树的美丽地方。"他忽然现出严肃的脸色，声调里含着深深的信心补充道："你们知道吗，在 200 年以后所有的土地都要变成百花齐放的花园。那时生活就轻松极了，也舒服极了。那时的生活会多么美丽呀。"

大家聚在小白楼四周，真是门庭若市，热闹非凡。

开席了，依然由契诃夫的妹妹玛丽雅和克妮碧尔主持招待客人。

在重要的席位上端坐着契诃夫的母亲，大家都非常尊重这位德高望重的老太太。

由于客人多，饭厅显得很挤，欢声笑语，让菜敬酒，气氛显得更活跃。契诃夫在几个餐桌间来回穿行，忙个不停。

席后大家又唱又跳，一直闹到午夜时分。

演出定于复活节的礼拜一开始，剧院票房忙得不亦乐乎，售票口排起长蛇阵，四出戏的门票很快卖完了。

对了，这四出戏是，契诃夫的《海鸥》、《万尼亚舅舅》外，还有霍普特曼的《孤独生活》及易卜生的《海达·格勃勒》。

剧团此行是特意把获得最高声誉的《海鸥》和《万尼亚舅舅》等剧，演给病中的作家观看的。

演员们虽然经过精心排练，而且也演过多次，已胸有成竹，但仍然感受到来自契诃夫和作家们以及观众的压力。

每场演出都获得了空前的成功。观众情绪异常高涨，鼓掌声和欢呼声经久不息，演员们多次谢幕。

开始时，契诃夫场场必到，演到后几场时，他实在坚持不下去了，不得不躲到后台或悄悄离开。但他是异常兴奋的。

在戏剧节最后一天，当《海鸥》演出结束后，人们为契诃夫举行了庆祝会。

按照惯例，他是不会参加这类活动的，但实在盛情难却，他不得不上台与观众见面，那欢腾热烈的场面使他深受感动。人们送给他饰有红色绸带的棕榈枝，绸带上写着：

献给俄国现实社会精辟阐释者

还有许多人签名的贺词。

艺术剧院称这次戏剧节是"剧院的春天"，实际也是契诃夫生命中最芬芳最欢畅的春天。就在这美好的春日佳期里，契诃夫与克妮碧尔确定了爱情关系。

# 一

## 最后岁月

坟的上空，老菩提树一动不动地
站着，在阳光里一片金黄。

# 迟到的婚恋

1899 年夏天，契诃夫写信给初次见面的莫斯科艺术剧院女演员奥里格·辽纳尔朵芙娜·克妮碧尔说：

对了，你的话不错；作家契诃夫没有忘记演员克妮碧尔。

他们初次见面是 1898 年。在 9 月 9 日那天，契诃夫来观看莫斯科艺术剧院排演《海鸥》，那是最初几次排演中的一次。演员们跟他们热爱的作家初次会面的时候，那份热烈兴奋是难以形容的，演员们深深感到了作家为人的非常微妙的魔力。他的朴素，他在所谓"教诲和指导"方面的"无能"，演员们不知跟他说什么好，也不知道怎么称呼他好。他瞧着大家，时而微笑，时而十分庄重，带着点忸怩，捋着胡子，夹上他的夹鼻眼镜。演员们本来以为作家一到，《海鸥》的表演的秘密就可以揭开了，不料，他对有些问题，简直不知道怎样回答。

克妮碧尔看到这一切，感到既新奇，又好笑。你看他：

　　"人家一问他，他就用奇怪的出乎意料的方式回答，仿佛总有点不贴题似的；我们不知道该怎样对待他讲的那些话才好——把它们看做玩笑呢，还是认真地接受下来呢？"克妮碧尔解释道。不过这是一开头的情形，人们只要想一想，就马上觉得这句仿佛无关大体的话钻进了人的脑子和心；剧中人物的整个本质，好像从一条肉眼看不见的线索上生长起来了。

　　"比方说，有人问他该怎么扮演某个人物？'尽您的力量去演好了。'契诃夫回答。又有一个人请他说明《海鸥》里的作家的性格，回答是：'哪，他穿花格裤子。'我们过了很久才习惯作家对我们讲话的那种方式。"

　　初次见面，给克妮碧尔极为深刻的印象。

　　第二回她看见契诃夫是在隐士饭店，他来看排演《沙皇菲奥朵尔》。傍晚，演员们在一个还没有地板的又冷又潮的房子里排演，把蜡烛头插在酒瓶上算是灯火。演员们穿着大衣，在寒冷、潮湿黑暗的空场上，既没有墙壁，也看不见天花板，到处弥漫着阴森的阴影，这时候听着他们自己的声音响起来，那光景是动人的，使人兴奋的。

　　克妮碧尔这时想到在黑暗的空荡荡的池座里，他，演员们的"灵魂"，大家热爱的人坐在那一声不响地观看表演，暗自高兴，不觉心中喜欢上了这个人。

冬天，《海鸥》演出获得巨大的成功。

1899年春天，契诃夫又来到莫斯科，剧院单独为他演了这出戏。演出后，导演斯坦尼斯拉夫斯基、丹琴科和主要演员微拉及克妮碧尔与作家照了一张相，让契诃夫坐在中央，装出在给大家念剧本的样子。接着确定下一轮演《万尼亚舅舅》，一号女主角由克妮碧尔担当。

这时，契诃夫与克妮碧尔已相当熟悉了，一方面是他们经常接触，相互了解。再一个原因是作家的妹妹玛丽雅的促进作用。

前一年冬天，在莫斯科上演《海鸥》，玛丽雅来看望哥哥，不巧，哥哥不适应这里潮湿多雨的天气，去了温暖的南方雅尔达去了。她便被人领到化装室休息。在这里，她见到了哥哥提起过的克妮碧尔，两人谈话投机，一见如故，成了好朋友。

那年春天，玛丽雅把克妮碧尔领到梅里霍沃庄园住了三天。那儿的一切使她完全入了迷，立刻喜欢上契诃夫家里的整个气氛，那所正房，契诃夫在里面写《海鸥》的那个小屋；那花园，养着鲤鱼的池塘、开了花的果树、小牛和鸭子；还有她喜爱的那种和蔼、亲切、有趣的谈话……

等到戏剧节过后，莫斯科艺术剧团离开雅尔达，契诃夫又深深地陷入苦恼烦愁之中。他的身体不佳，又惊闻好友列维坦病危的消息，更思念已建立爱情关系的克妮碧尔。

1900 年 5 月 8 日，他瞒过医生赶往莫斯科，首先去医院看望列维坦，这是他们的最后会面，然后与日夜思念的克妮碧尔重逢。

列维坦去世，契诃夫很悲伤，病情加重，决意只身返回雅尔达，克妮碧尔与他约定 7 月到雅尔达相会。

克妮碧尔如期跟玛丽雅一块儿在复活节的前一个礼拜的"圣周"到达雅尔达。

这里正在修建一所新房子。克妮碧尔感到无比的舒适和温暖，一切东西，就连顶小的东西也在内，都使她感到有趣儿。契诃夫高兴地走来走去，领着她看这看那，看得出他对花园和果园的栽培特别热心。

契诃夫与克妮碧尔朝夕相处，亲密无间。加上玛丽雅的悉心照料，他们的生活十分惬意！

克妮碧尔特别喜欢坐在契诃夫的书房里，静静地在那里休息，看他写作，有时还捣捣乱，说些傻话，胡闹一通。

高尔基听说契诃夫的恋人来了，便时常来探望。给他们讲他的流浪生活，讲得十分迷人。契诃夫和克妮碧尔坐在书房里一声不响地听下去，听下去。

克妮碧尔的假期在这安静舒适的环境里很快就过去了，她得赶回莫斯科艺术剧院。

分离后，两地相思之苦，是非常难受的，他们只好每隔两天交换一次含情脉脉的信件，倾吐彼此的思念之情。

我亲爱的，充满柔情，楚楚动人的女演员，我还活着，一心想见到你。由于你不在身边，我怏怏不乐，在你离开之后，这里一切都糟透了。要是没有你，我非悬梁自尽不可啊……我亲爱的，我正在写一个剧本，定名为《三姊妹》，但愿我在写作时心情不要太忧郁，如果真是这样，那我就将它搁置到明年或我想再动笔的时候。

克妮碧尔回信说：

安东，没有你我太寂寞了。我恨不得马上见到你，亲亲你，看看你。我就像被抛在茫茫大海里一样……来吧，我要全力以赴，以便使你心情舒畅，精神焕发，让我的爱使你一切都美好。你的爱也会使我一切都感到美好吗？亲爱的，亲爱的，我多么想过完美的生活啊。

这对恋人都渴望过朝夕相处的完美生活，然而他们都有自己的事业，不得不一南一北地过着孤寂的生活。

契诃夫深知他的后半生注定要在雅尔达了结，他的病体把他拴在了这里，而克妮碧尔更舍不得离开南方、太阳、契诃夫、欢乐的气氛，可是她得回莫斯科去排戏。

越分离，越思念。克妮碧尔写信催促契诃夫去莫斯科与她相会：

我们非见面不可，你必须来，一想到你形单影只在那里胡思乱想，真是怕得要命……安东，我心爱的，我亲爱的，来吧。或许你不想见到我吗？或许你一想到把我们的命运连在一起，就心情沉重？到底怎么回事，你写信开诚布公地告诉我！

她见契诃夫迟迟不来莫斯科，怀疑他不爱她了。

契诃夫连忙回信说：

我已经对你说过一万次，也许今后将长久地说下去的那句话，就是：我爱你！再没有别的了。如果说目前我们没有住在一起，那既不是你的错，也不是我的错，而是那个恶魔——侵入我肌体的杆菌以及在你心中对艺术的热爱。

12月23日，为了消除克妮碧尔的疑虑，契诃夫抱病带着剧本《三姊妹》来到莫斯科，住在一家旅馆里。每天到艺术剧院去看排演。见到契诃夫，克妮碧尔欢天喜地，排练间休时，匆匆买些糖果、鲜花、香水赶到旅馆，亲自动手煮咖啡，切面包，抹黄油……忙里忙外，活像个家庭主妇，契诃夫感到很欣慰，但仍然没有向她求婚。

呆了一星期，契诃夫的身体又受不住这里潮湿阴冷的气候，便离开莫斯科去法国疗养地尼斯住了三个月。

《三姊妹》于1901年2月初在艺术剧院上演。初演时反响不热烈，但越往后越火爆。4月艺术剧院去彼得堡巡回演出，克妮碧尔担任剧中主角，忙得不可开交。契诃夫劝她安心演出，待演出结束去雅尔达相会。

克妮碧尔说："我很想到你那里去，但不能像现在这样朋友相处。我要结婚，演出一结束，就在莫斯科完婚！我考虑成熟了，不能再等！"

"好，我答应你，"契诃夫终于同意结婚，但他还是倾吐出自己迟迟未求婚的苦衷，"你可别后悔。我四处奔波，疲惫不堪，未老先衰。说起来，你会觉得我像一位老爷爷，而不像丈夫，而且我身患绝症，这对你太不公平了。如果你执意结婚我有个要求：5月初我去莫斯科。只要你答应，在我们婚礼结束后，莫斯科不会有一个人知道这一消息，那么我到达的当天就可以跟你结婚。不知道为什么，我十分害怕举行婚礼，害怕人们前来道喜，手举盛满香槟的酒杯，对人茫然地微笑。"

1901年5月25日，年满41岁的契诃夫与克妮碧尔在莫斯科一个小礼堂举行了婚礼。

事先，不但契诃夫的朋友、克妮碧尔的剧院同事不知道，就连双方的家里人，包括关系最密切的玛丽雅也不知道。

婚礼后，他们去看了一下克妮碧尔的母亲，然后就分手了。彼此约定：婚后暂时分居，各自干自己的工作。每完成一个剧本，就到火车站候车室见面。

## 挺身而出

契诃夫在高尔基的影响下，对社会问题和政治问题发生了浓厚的兴趣，并越来越感到了"一场强健的、有力的暴风雨正在酝酿着"。

他在多幕剧《三姊妹》中传达了这一时代所发出的新的音调。全剧通过憧憬美好生活的三姊妹形象的塑造，表现了革命高潮前夕一部分小资产阶级知识分子的苦闷、彷徨和追求。

作家谢·叶尔帕季耶夫斯基说："昔日的契诃夫已经不存在了……暴风雨前的俄罗斯，掀起了汹涌澎湃的浪潮，契诃夫也成了弄潮儿。曾经不问政治的契诃夫，按另一种方式全身心地投入了政治。曾经充满悲观主义、怀疑主义情绪的契诃夫深信，不是再过200年将过上美好生活，正如他的作品的主人公所说：

这样的美好生活，在俄罗斯已日紧一日地迫近了。眼看着现在全俄罗斯正沿着新的、光明的、欢乐的方向前进。

于是，他完全变成了另一个人，生气勃勃，精神饱满。他的风度不一样了，声调也变了，给人以新的感觉。

这几年，契诃夫的身体更加虚弱了，越来越离不开扶椅，经常过着病榻生活。在极端困难的情况下，他以对革命即将来临的信念和无比坚强的毅力，创作了《三姊妹》、《新娘》等作品。

在俄国，这时接连发生预示革命风暴来临的学生运动和群众运动。

沙皇政府采取了残酷镇压手段。1901年1月，基辅大学学生被判充军。

这引起彼得堡学生两次罢课和声势浩大的游行抗议。

3月4日，游行队伍到达喀山教堂时，惨遭政府当局的野蛮镇压，紧接着当局又进行大规模的逮捕。高尔基与俄国数学家波谢也在被捕之列。

契诃夫闻讯，十分愤慨。

随之而来，发生震惊世界的"高尔基事件"。

1900年1月，由于契诃夫的文学创作成绩卓著，被推选为俄罗斯皇家科学院荣誉院士，同时入选的还有列夫·托尔斯泰、柯罗连柯和诗人任姆丘日尼科夫。

1902年2月，高尔基也被推举为名誉院士。

当时高尔基住在离雅尔达不远的加斯普拉，契诃夫高兴地前往向他表示祝贺。但时隔不久，在3月10日的《政府通报》上登了一则消息，说选举高尔基为名誉院士是无效选举。

两天后，《政府通报》又以皇家科学院的名义登载一则声明：撤销原来推选高尔基为名誉院士的决定。

据说撤销的理由是：院士们在推选时不知高尔基曾因政治嫌疑而被法庭审讯。其实，沙皇尼古拉二世向院士们施加了压力，这才是撤销科学院原决定的根本原因。

　　原来是尼古拉二世从报上读到了有关推选高尔基为名誉院士的消息，他就在页边空白处加了评语："真妙!"而在给教育部长的信中他又写道："在目前这般动荡不定的时代，科学院竟然会推选这么一个人进入它自己的圈子，我为此感到十分气愤。"

　　沙皇本人的干预使尊敬的院士们慌了手脚。在沙皇的专横行为面前，院士们都缄默不语了。

　　这时，契诃夫和柯罗连柯两人挺身而出，分别发表声明，要求解除他们二人的名誉院士称号，以示抗议。

　　先是柯罗连柯在 3 月 14 日致函契诃夫，对沙皇政府的卑劣行径表示愤慨。4 月间，契诃夫约请柯罗连柯前往雅尔达，共同商讨对付"科学院事件"（即"高尔基事件"）的办法。5 月间，柯罗连柯应邀前来雅尔达。以后，他们分别提出辞呈。

　　契诃夫的辞呈全文如下：

尊严的院长阁下：

　　今年 2 月我接到别希科夫（玛克辛·高尔基）当选为名誉院士的通知，当时 A·M·别希科夫住在克里米亚，我便立刻去看望他。我是第一个把他当选的消息带给他的人，我也是第一个庆贺他的人。不久以后，报上披露：由于别希科夫的政治观点，依据第 1035 号法令，撤销他的当选，又特意说明科学院对他当选的事应负责任；我既是名誉院士，我对这件事就也应负一部分责任。在别希科夫当选院士的时候，我由衷地祝贺他；我认为：撤销他的当选——这件前后矛盾的事，与我的良心不合，我不能勉强我的良心同意这件事。第1035号法令虽然我已经研究过了，却不能使我信服。经过长久的考虑，我只能作出这样一个决定，在我是极痛苦、极遗憾的，那就是，十分恭敬地请求你撤销我的名誉院士的头衔。谨致最深刻的敬意。

您的最忠诚的安东·契诃夫

1902年8月25日于雅尔达

同一天，他写信给柯罗连柯，向他通报了这件事。柯罗连柯完全同意契诃夫的行动，采取了同样的办法，对沙皇政府表示严正的抗议。

契诃夫的辞呈被各秘密报纸刊载，并很快传到了外国，引起强烈的反响。

契诃夫和柯罗连柯的协同行动，表明他们已旗帜鲜明地在为"正义"而斗争了。两位作家的正义行动，受到俄罗斯广大知识分子的热烈赞同与崇高评价。契诃夫的声望由此更加高扬。

# 樱桃花终于开了

1901 年 2 月，《三姊妹》在莫斯科初次公演后，契诃夫立刻给克妮碧尔写信说：

我要写下一个剧本，必定是可笑的，至少在构思上。

几星期以后，他又在另一封信中说：

近来我有一种极强烈的愿望，想给艺术剧院写一出四幕通俗喜剧或是喜剧，只要没有事情打搅，我一定写，不过最早也要 1903 年底才能交给剧院。

1903 年 2 月，契诃夫在同病魔顽强的搏斗中，着手创作他的最后一部剧本《樱桃园》。

他对克妮碧尔说："这回整个剧本一定写成欢乐的、轻松的，改变人们把我的剧本曲解为'反映俄国痛苦生活的凄凄惨惨切切的悲剧'的看法。要是我写出来的剧本和我的原意不一样，那就用拳头敲我的脑袋好了。斯坦尼斯拉夫斯基的角色是个喜剧角色，你的也一样。"

这出戏写得很艰难。它与写小说不同，剧中台词，人物对话要个性化、相互衔接，很费脑筋呢。更主要的是，写的完全是新题材，新人物，因此进展很慢。

莫斯科艺术剧院盼着剧本快些完稿，斯坦尼斯拉夫斯基和丹琴科知道契诃夫抱病写作，不好意思催促，便让克妮碧尔去信催。

克妮碧尔无奈，便三天两头地写催促信，并责备他太懒惰。

契诃夫见这样说他，很生气，就回信说：

这不是懒惰不懒惰的问题。我还不至于变成自己的敌人，如果我精力充沛，我将不是写 1 部，而是写 25 部剧本了！

这期间，契诃夫一个人在雅尔达，感到很孤寂，想要去莫斯科完成《樱桃园》的写作，但医生阿尔特舒勒不允许他外出旅行。

而眼下克妮碧尔正随剧团在彼得堡巡回演出，不能脱身回来照顾他。

他只好一个人呆在海边城市空荡荡的别墅里。天气晴朗时，他拄着根手杖在庭院走走，或带着愚笨、懒惰的杜希克和那条黄眼睛的杜里克到果园去蹓跶蹓跶，查看一下树木，剪一剪枝。两条狗在他前后摇着尾巴向他献媚，时而向陌生的来客吠叫几声……也只有在这时，他才感到心情舒畅。他非常喜欢动物、植物和小孩子。绕了一圈后，便坐在他一向坐的长凳上凝视大海，沉思默想。

高尔基、库普林和蒲宁依然是常客，也只有他们的到来，郁闷的心情才得以排解。不过也有些闲杂人，一来便扯个没完没了，使他心烦，耽误不少时间。

7月，克妮碧尔休假，两人总算聚在一起，他们在莫斯科郊区朋友的别墅里愉快地度过两个月。之后妻子赶回剧院演出，丈夫返到雅尔达去写作，他们总是这样南来北往，各奔东西，有什么办法呢。

返回雅尔达，他便全身心地投入紧张的创作，天热难当，病情恶化，虚弱得连笔都拿不动，一天硬撑着，也只能写几行字。

克妮碧尔代剧院不断来信催，契诃夫解释说：

我很拖拉，是的，实在拖拉，正因如此，我才觉得写剧本是一件庞大的工程，也急不得。它使我恐惧，我简直无能为力。

说是这么说，他还是咬紧牙关拼命了，他要抢在下一个戏剧节前完成。

10 月 12 日，契诃夫画完最后一个标点，把钢笔扔在桌面上，长舒一口气，搓了搓手，又拿起笔，写信给他的妻子：

呜啦！亲爱的小马，我们长期的苦难终于看到了尽头，剧本脱稿了！明天晚上，最迟不过 14 日上午，就能寄到莫斯科……亲爱的，写这个剧本真不容易呀！

寄走剧本，契诃夫焦急地等待回音。

17 日，终于盼来丹琴科的电报：

《樱桃园》堪称你的最优秀的剧本，也是最新颖、最有特色、最富诗意的作品。

随即，斯坦尼斯拉夫斯基也拍来电报，说：

这个剧本比你写过的所有优秀的作品更胜一筹。谨向天才的作者致以衷心的祝贺！

《樱桃园》讲的是一座古老的庄园，庄园主朗涅夫斯卡雅和她哥哥夏耶夫在空虚放荡的生活中挥霍了全部财产之后，为了偿还债务，卖掉了樱桃园，"贵族之家"终于解体。买下樱桃园并成为庄园新主人的商人、企业家陆伯兴，是"一个看见什么就吞什么的吃肉野兽"，他的行动说明资产阶级的崛起是不可避免的。但是，陆伯兴不可能代表社会的未来，因此，剧中塑造了平民知识分子特罗菲莫夫等人的正面形象，并借他们的口，喊出了"新生活万岁！"这正是剧作家期待变革的响亮声音。

在《樱桃园》紧张排练时，契诃夫的病更重了，他这时连穿衣服的力气也没有，走几步就气喘、耳鸣、心跳。进餐时，一见东西就恶心。但他担心剧院对他的剧本总的理解发生错误而搞得面目全非，另外对演员阵容的安排也放心不下，他决意回莫斯科去！

1903年12月2日，他瞒着医生，偷偷地急匆匆地上路了。当医生阿尔特舒勒发觉后，心急如焚，高喊："这简直是自我毁灭！"

契诃夫到了莫斯科，便立刻赶往剧院，果然不出所料，剧院对剧本的精神实质理解方面发生根本分歧。

契诃夫一再强调："最后一幕戏必然是欢乐的，整个戏都是欢乐的，不管我的这个剧本多么枯燥，它里面总有些新东西。顺便说说，在整个剧本里没有一声枪响……再说一遍，我把这个剧本定为喜剧，喜剧！"

然而导演兼主要演员斯坦尼斯拉夫斯基却认定《樱桃园》是出社会悲剧。他认为表演此剧"不应该让人发笑，应让观众哭泣"。

　　在演员安排上也发生了争执，他反对让老演员玛丽雅·费道罗夫娜扮剧中的安妮，他说："安妮谁演都行，哪怕是个完全不出名的女演员也可以，只是要年轻，像个女孩子，说话的声音年轻、嘹亮……丹琴科，你为什么非得让一向演悲剧的老演员玛丽雅去演呢，我很担心，安妮的调子可别弄得哭哭啼啼的。"

　　契诃夫非常生气地争论着，不住地咳嗽和打冷战。

　　最终剧院认识了自己的错误。丹琴科说："剧院和契诃夫之间所以会发生争论，正是由于剧院没有透彻理解契诃夫戏剧创作的某些特点，用不着回避事实，这是我们的过错。我仍没有透彻理解契诃夫，没有透彻理解他的细致的笔风，没有透彻理解他的异常细腻的刻画……契诃夫把现实主义磨练到了象征的境界，而我们剧院却很久没有能够抓住契诃夫作品的细腻的脉络；也许剧院是抓住了这个脉络，但用的是一双粗糙的手，而这也许是使契诃夫激动到难以忍受地步的原因。"

　　最后双方定格到：喜剧是对悲剧的讽喻，是喜剧性的。

　　正如马克思所说："人类'含着微笑'向自己的过

去，向老朽的生活形式告别。"

人们预感到作家的肺病已到了无可挽救的地步，于是，斯坦尼斯拉夫斯基决定把《樱桃园》首演式定于契诃夫44岁生日的前一天1904年1月17日。这年又恰值作家从事创作活动25周年，就把首演式、作家诞辰和创作25周年纪念一并举行，作为一个隆重的庆典。

会前，剧院准备送契诃夫的礼物。开始，给他买了一个用刺绣品做的花环。

契诃夫责备斯坦尼斯拉夫斯基说："你听着，这是一个奇妙之物，应送博物馆去！"

"那送什么好呢？"

"捕鼠器！应该把老鼠消灭光。"说着他哈哈大笑起来。

"那哪成呢？"

"那就来灌肠管，我是医生，要不一双袜子也成。我妻子是演员，不能照顾我，我穿的袜子破烂不堪了。你们瞧，我的右脚趾都露出来了，哎呀，左脚上的袜子也差不多了！"他以玩笑拒绝了收礼。

庆祝会上，《樱桃园》第一、二幕演的效果非常好，第三幕接近结束时，契诃夫被请到台上。他站在第一排，眼前大厅里座无虚席，人们向他狂热地鼓掌欢呼。庆祝仪式开始：赠送花环、致祝词，记者、演员、文学

社团代表讲话……人们看到自己爱戴的作家气息奄奄，心里十分难过，纷纷喊着要他坐下。但一向谦虚的契诃夫始终未坐。所有的祝词十分恳切动人。

丹琴科在贺词中说："我们的剧院对你的天才、你的慈爱的心、你的纯洁的灵魂的感激已达到这样的程度，以致于你有权利说：'这是我的剧院'，'这是契诃夫剧院'！"

大会持续了一个多小时，脸色苍白、面无血色的契诃夫一直坚持站立在强烈的灯光的照耀下，当最后一次喝彩结束时，契诃夫已疲惫不堪，他连一句感激的话也没说就离开了。

斯坦尼斯拉夫斯基事后说："纪念会很隆重，但给人的印象很沉重。有一种葬礼的气氛，我们心里十分抑郁。"

## "安托沙走了"

随着 1904 年春天的到来，《樱桃园》演出成功的喜讯，频频传到雅尔达。

然而这喜讯并未使契诃夫的病情得到转机。

他在 4 月 20 日的日记中写道：

我又患肠功能障碍和咳嗽，而且已经持续了几周；我觉得这一切多半是此地气候造成的，这种气候我既喜欢又蔑视，就像既喜欢又蔑视那些漂亮但下流的女人一样。

尽管病情沉重，但是他依然密切关注着国内发生的事件，忧虑地注意着日俄战争的发展。他竟然想，如果健康允许的话，就"投笔从戎"，去做一名战地医生，上前线为俄罗斯的光荣尽自己的一份职责。

他还日夜在脑中盘旋着写作计划。"留下的时间不多了，"他对克妮碧尔说，"我可得紧着点呢，新的短篇已构思成了一些，我还要写一个剧本呢！"

说着他又咳了起来，咳了一阵稍微平静下来，他胸有成竹地说："剧本的主角是一个科学家，爱着一个女人，那个女人却不爱他，或者对他不忠实，他就动身到北极去了……剧的第三幕我是这样想的：一艘被冰川困住的轮船'奥罗拉·勃列阿里斯号'，主角独自站在甲板上，夜晚一片肃静、安宁、庄严。他在北极光的背景上看见他所爱的女人的影子浮来浮去……"他昏睡过去了。

天气渐暖了，他执意要到莫斯科郊外别墅去。

大家拗不过他，只好由克妮碧尔和阿尔特舒勒医生陪同前往。

出发那天，风和日丽，他们经过察里津时，在那看一所出售的小房子和花园，这一下子错过了火车。

"这才好呢，"契诃夫高兴地说，"正好坐马车！看看原野的风光。"

尽管天还有点凉，可到处都是一片春天的气息了。契诃夫非常痛快地瞧着阳光下发亮的白色平原，听着车轮压着还有些坚硬的路面发出的辘辘声，他竟忘了自己是个病中人，像个孩子似的纵情哼起俄罗斯民歌……同时，他又想起小时候，妈妈领着他们哥几个乘马车去祖父家一路欢闹的情景……"咳，时间过得真快……"

"什么？"克妮碧尔听了这冷丁的一句，不解地问。

"没什么，我感觉到有点累了。"

他们连忙找到一家旅馆住下。当晚，他发烧，感冒了。

"我说不出来，不出来，这半途中又病了。"妻子埋怨着，然后对阿尔特舒勒说："大夫，快查查吧，看要紧不？"

医生查了一阵，说，"胸膜炎开始加重，胃出现不良症状，肠道也感染上了结核。"

"看看，这可怎么好，都怪出门出的！"克妮碧尔烦躁不安地数落着，"总不听人劝。"

作为医生的契诃夫知道是怎么回事，他平静地劝慰妻子："亲爱的，别急，急也没用。这病不是一天两天形成的，与出不出门没关系，你别担心，很快就会康复的。"

"这样吧，"阿尔特舒勒建议说，"去德国巴登维勒疗养一下吧？"

克妮碧尔用目光征询丈夫的意见。

契诃夫对自己的病情清清楚楚，他这次没提出异议，而是微微地点了点头，说："那就快准备吧"。

于是赶到莫斯科订了两个人去柏林的火车票。6月3日契诃夫与妻子登上了西行列车。

斯坦尼斯拉夫斯基、丹琴科和作家捷列绍夫等到火车包厢送行。

契诃夫穿着睡衣，坐在沙发上，头和背靠在软枕上，腿上盖着一条苏格兰毛毯。大家心酸地围坐在他的四周，想不到没多久他竟变成一个肩削背驼、脸颊干瘪、容颜憔悴的小老头儿啦。

他伸出瘦骨嶙峋的手与大家一一握别："谢谢你们来送我，永别了，我将死在那里。"

在巴登维勒疗养院最初的几天，契诃夫感觉好点了，便给母亲和妹妹玛丽雅写信，说：

我的身体好多了，说不定再过一个星期就能痊愈呢！

克妮碧尔见丈夫的病情有所好转，脸色也由阴转晴，充满了希望。

"你去牙医那看看你那火牙吧，我一个人可以了。"契诃夫对一直守着自己的妻子说。

"好吧。"克妮碧尔高兴地答应。

她离开丈夫外出看牙后，还跑到商店为丈夫买了一套白色法兰绒西服。

但没几天，契诃夫的病情出现反复，他心烦意乱，焦躁不安，要求更换环境。于是搬到一家叫索曼尔的豪华旅馆里。

6月29日傍晚，契诃夫病情突然严重发作，为了减轻疼痛，维持心脏跳动，医生给他注射了吗啡，输了氧，总算度过了一个平安夜。

次日，再次发作，疼痛难忍，苦不堪言。

又经过了一天的痛苦和不安后，他在黄昏的时候突然觉得好过一点了。他叫妻子到旅馆后院的花园里去走一走，散散心，因为克妮碧尔这几天一直守着他没有离开，太累了。

等克妮碧尔从花园里回来，契诃夫问她为什么不下楼去餐厅里吃饭，她说，还没有敲锣。原来锣早敲过了，只是他们没有听见。于是契诃夫像往日一样，捻着胡子，忽然发出那种感人的笑声，诌出一个故事来：

"说是有一个很时髦的疗养地，那儿有许多保养得很好的胖的银行家和身强力壮的脸颊红润的英国人和美国人，他们都爱吃精美的佳肴。有的人出去坐车兜风，有的到附近名胜区旅行，游玩了一整天回来他们碰到一块，大家巴望着累了一天，可以痛痛快快地吃一顿美餐了。不料，厨师逃跑了，什么也没吃上。"

契诃夫形容这种对胃肠的打击是怎样表现在那些娇生惯养、贪吃贪喝的人们身上。克妮碧尔经过前两天的不安以后，现在坐在沙发上，蜷着身子，打心眼儿里笑了出来。

契诃夫安静而平静地进入了梦乡。刚过后半夜，他就醒了，而且有生以来第一次吩咐妻子去请医生。

克妮碧尔突然感到事态严重，她忽然狼狈得不知所措：在这么大的旅馆里，住有一大群人，现在都已安睡，该去找谁呀！她顿时感到孤立无援。她搓着手沉思片刻，猛然想起有两个认识的俄罗斯大学生，是兄弟俩，也住在这家旅馆里。她连忙跑去把他们叫醒，让其中的一位去请医生，自己去凿冰、装冰袋，放在垂危的病人胸口上。

在这热得难受的 7 月，沉闷、寂静的夜晚，她听到那请医生的大学生往远处奔跑，脚踩砂石路发出的沙沙声……

医生来了，经过诊视后，吩咐拿香槟来。

契诃夫坐起来，意味深长地对医生大声说着不太熟练的德语："我要死！"然后他接过酒杯对妻子，露出可爱的笑容说："我很久没有喝香槟了。"

他平静地，慢慢地喝干了那杯酒。然后，侧身躺下，不一会儿就永远沉默了……此时是 7 月 2 日凌晨 3 点整。一只挺大的黑色飞蛾，像旋风似的不知从哪飞进来，慌张地扑着电灯，满房间飞来飞去，打破了夜晚的可怕的肃静……

医生对克妮碧尔安慰了几句，走了。夜晚更加显得寂静与闷热，突然一声可怕的响声，随着崩开的瓶塞那瓶没喝完的香槟酒飞射了出来……天渐渐亮了，大自然醒来，克妮碧尔听见温柔可爱的、像是第一支挽歌的鸟雀鸣叫声和附近教堂飘来的琴声。人的声音一点儿也听不到，日常生活的纷扰也一点儿看不见了。在她眼前所有的只是逝者的宁静、美丽、庄严……

契诃夫的遗体从德国运回莫斯科，7 月 9 日举行了安葬礼，在沉静中他的棺材被放入了墓穴。他的坟墓在佛节维契伊墓园，在他父亲的坟侧。

第二天，亲朋故友去墓地做礼拜，坟墓的上空，老菩提树一动不动地站着，在阳光下一片金黄。契诃夫的母亲、妹妹和妻子克妮碧尔带着平静的温柔的悲痛与哀伤，在场的人心中都充满深深的怅惘。

人们慢慢地沉默地绕着坟墓走了一圈。作家库普林走到契诃夫母亲面前，默默地吻她的手。她用疲倦的低微的声音说："安托沙走了……我们有多苦哇。"

是啊，契诃夫离开了人间，但他的英名、他的作品、他高尚的品格却永垂不朽！

# 年　　谱

| 公元纪年 | 年龄 | 记　事 |
|---|---|---|
| 1860 | 1 | 1月17日诞生于塔干罗格市。 |
| 1873 | 13 | 初次进剧院看戏，上演的是《美丽的叶莲娜》。 |
| 1876 | 16 | 父亲店铺破产，为躲债，全家迁居莫斯科，独自一人留在故乡读中学。 |
| 1879 | 19 | 中学毕业。以"安托沙·契洪特"为笔名，开始写作生涯。 |
| 1880 | 20 | 3月9日第一次公开发表作品：短篇小说《写给有学问的邻居的信》和幽默小品《长篇、中篇等小说中最常见的是什么》。同年考取莫斯科大学医学院。 |
| 1884 | 24 | 大学毕业，获医学博士学位。 |
| 1885 | 25 | 3月22日给《花絮》杂志社编辑写信，把9世纪与19世纪的俄国农村进行对比。12月在圣彼得堡结识了新闻界巨头、《新时代》报社社长苏沃林，并开始合作。 |

| 公元纪年 | 年龄 | 记　　事 |
|---|---|---|
| 1886 | 26 | 3 月间，老作家格里戈罗维奇写信给契诃夫，称赞他"具有真正的天才"。 |
| 1887 | 27 | 4 月只身离开莫斯科回故乡塔干罗格及顿涅茨大草原漫游两个月。第三、四部短篇小说集相继问世。 |
| 1888 | 28 | 中篇小说《草原》发表。<br>第三部《在黄昏》荣获科学院授予的"普希金奖金"。11 月 19 日署名契诃夫的多幕剧《伊凡诺夫》在莫斯科首次公演。 |
| 1890 | 30 | 4 月从莫斯科出发，7 月 9 日到达库页岛。在岛上生活 3 个月。 |
| 1892 | 32 | 在莫斯科郊区买下"梅里霍沃庄园"。创作了杰出中篇小说《第六病室》。 |
| 1896 | 35 | 经典剧本《海鸥》完成。10 月 17 日在彼得堡亚历山大剧院首演失败。 |
| 1898 | 37 | 春，肺结核病恶化，突然大吐血。迁南方雅尔达疗养。 |
| 1898 | 38 | 与高尔基通信。12 月 17 日在莫斯科《海鸥》演出非常成功。 |
| 1899 | 39 | 与苏沃林决裂。 |

| 公元纪年 | 年龄 | 记　　事 |
|---|---|---|
| 1900 | 40 | 与托尔斯泰、柯罗连柯一起被选为科学院文学部荣誉院士。4月，莫斯科艺术剧院来雅尔达办戏剧节。与克妮碧尔确定了爱情关系。 |
| 1901 | 41 | 5月25日与克妮碧尔在莫斯科举行婚礼。 |
| 1902 | 42 | 发生"高尔基事件"，与柯罗连柯联合致信科学院院长请求辞去科学院名誉院士，以示抗议。 |
| 1903 | 43 | 10月12日喜剧《樱桃园》完成。 |
| 1904 | 44 | 1月17日《樱桃园》首演式、作家诞辰和从事创作25周年一并举行庆祝会。7月2日凌晨3时逝世。 |